日中理論言語学の新展望

②

意味と構文

影山太郎・沈 力（編）

目　次

　　　まえがき　　　　　　　　　　　　　　影山太郎・沈　力　　iii

1　テンスの有無と事象の叙述様式
　　　日本語と中国語の対照　　　　　　　　　　　井上　優　　　1

2　付加詞主語構文の属性叙述機能
　　　　　　　　　　　　　　　　　　　　影山太郎・沈　力　　27

3　Ｎノコトダカラ構文の意味分析
　　　　　　　　　　　　　　　　　　　　　　益岡隆志　　　67

4　コピュラ文の諸相
　　　　　　　　　　　　　　　　　　　　　　風間伸次郎　　85

5　「体験」型デキゴトをめぐる研究の経緯と新展開
　　　　　　　　　　　　　　　　　　　　　　定延利之　　109

6　中国語における姿勢形成と空間移動
　　　終端プロファイリングによる系列動作統合の視点より　　杉村博文　125

7　閩南語における方位・構文・解釈
　　　　　　　　　　　　　　　　　　　　　　連金発　　　145

8　現代中国語における＜変化＞事象の捉えかたと構文特徴
　　　　　　　　　　　　　　　　　　　　　　古川　裕　　163

　　　索引　　　　　　　　　　　　　　　　　　　　　　　193

まえがき

影山太郎・沈　力

1.　刊行の趣旨

　このたび，くろしお出版の理解を得て，『日中理論言語学の新展望』と題する3冊の論文集──「1　統語構造」，「2　意味と構文」，「3　語彙と品詞」──を刊行することになった。最終的に目指すところは，日本語と中国語というアジアの2大言語の観点から一般言語学に寄与し得る学術的提言を行うことであるが，従来，この種の研究論集がなかったことから，日中両国の研究者の交流を促進するという社会的な目的も付随している。
　関西空港から北京空港まで飛行機で3時間──そんなに近い国でありながら，日本と中国の間には理論言語学の交流は最近までほとんどなかった。交流を阻んできた一つの壁は日本語と中国語の言語の壁である。中国で日本語を研究する人たちは日本人が日本語で書いた論文を読むことができるが，日本人の研究者は中国語学の専門家以外はほとんど中国語の論文を読むことができない。二つ目の壁は，日中両国における理論言語学そのものの深化の度合いである。日本は構造主義言語学，生成文法理論，認知言語学などあらゆる欧米の言語理論を，新しい物好きと言われるほどまでに柔軟に受け入れてきた。他方，中国でこういった言語理論に対して受容性が高まってきたのは最近のことと言ってよい。三つ目の壁は，膠着型と言われる日本語と孤立型と言われる中国語の言語類型論的な構造上の相違である。英語と日本語の比較や，英語と中国

語の比較を通して言語の普遍性を探究しようとする対照言語学の研究は少なくないが、日本語と中国語の比較から人間言語とは何かを探る試みは聞いたことがない。

　本書は、このような日中両国における理論言語学の壁を越えて、両国の理論言語学者の交流を図り、そこから日本と中国を包括した理論言語学研究の新しい展望を拓こうとするものである。そのため、一番目の壁に対しては、中国語原文の論文は日本語に翻訳して掲載することにした。翻訳論文については、各論文の末尾に翻訳者の氏名を記している。二番目の壁に関しては、日中の研究者がそれぞれの最先端の研究成果を披瀝することによって互いの研究状況を把握し、互いの学問水準を高めるように意図した。その結果、日本人の執筆者の多くは日本語について、中国人の執筆者のほとんどは中国語について各々が最も得意とする最先端のテーマを論じている。三番目の壁については、日中両言語を比較・対照して論じる論文を含めることによって、言語間の相違だけでなく普遍的な共通性を明らかにするように試みた。

　日中両国の言語学者の交流はすでに始まっている。編者の一人(沈　力)は東京外国語大学アジア・アフリカ言語文化研究所における「言語の構造的多様性と言語理論——「語」の内部構造と統語機能を中心に」という重点プロジェクトに参加し、また、両編者は2007年に北京大学で開催された中日理論言語学研究国際フォーラムで中心的役割を果たした。本書が、近くて遠い日本と中国の言語研究者の交流を一層促進し、将来的にはアジア言語から世界に発信するための共通の土俵の一部になることを願っている。

2.　本書の構成

　本書には、意味と構文に関わる8篇の論文が収められている。そのうち最初の2篇は日中両言語の対照研究で、続く3篇は日本語を主体とする分析、最後の3篇は中国語のみの分析となっている。

　日中対照研究の一番目は井上優「テンスの有無と事象の叙述様式：日本語と中国語の対照」で、日中両言語における文法カテゴリーとしてのテンスの有無という構造的な違いが、日本語では明示的に言語化しなくても意味が通じるの

に中国語では言語化しないと自然な表現にならない場合や，日本語では1つの要素で表現できることを中国語では複数の要素を組み合わせて表現する場合があるといった事象の把握と表現法の相違として現れることを指摘している。

影山太郎・沈力「付加詞主語構文の属性叙述機能」は，日中両言語において道具ないし場所を表す付加詞が使役他動詞の主語になることができないという，従来想定されてきた制約が特定の時空間における出来事の発生を表す事象叙述文について成り立つ制約であり，付加詞主語名詞(句)の特性を描写する属性叙述文には成り立たないことを指摘し，属性叙述文が独自の構造と機能を有することを論じている。

日本語のみ，あるいは日本語を言語類型論的に扱う論文の中で，益岡隆志「Nノコトダカラ構文の意味分析」は「名詞(N)ノコトダカラ……」という構文を取り上げ，この構文が「Nについて，その属性を根拠に帰結として推論できる事態を述べる」という特定の意味を表現する形式であることを指摘し，この構文が叙述の類型(とりわけ，属性叙述の性質)にどのように関係し，また，いわゆる構文的イディオムの問題にどのような観点をもたらすかを考察している。

定延利之「『体験』型デキゴトをめぐる研究の経緯と新展開」は，時間の推移のない状態を静的なデキゴトとして描写する日本語の文を記述するには「体験」と「知識」という区別に注意を払うことが重要であるとする著者の考えを日本語文法の研究文脈上に位置づけるとともに，動的な変化の文にも同様の区別が必要という考えを新たに提示している。

風間伸次郎「コピュラ文の諸相」は，言語類型論の観点から諸言語との比較において日本語のコピュラ文の特性を考察している。修飾関係(内心構造)を表示する要素を「リンカー」，題述関係(外心構造)を表示する要素を「コピュラ」と呼ぶと，世界の諸言語は①リンカーもコピュラもない言語，②リンカーはあるがコピュラはない言語，③コピュラはあるがリンカーはない言語，④リンカーもコピュラもある言語に分類され，各言語はその言語全体の体系に応じて，各々独自の手法を用いて修飾関係と題述関係を表していることがわかる。

中国語に特化した論文は3篇ある。まず，杉村博文「中国語における姿勢形成と空間移動：終端プロファイリングによる系列動作統合の視点より」は，中

国語の身体の姿勢に関わる動詞の使用において意味と表現形式にずれが生じることを認知言語学的な観点から分析している。具体的には，話し手が聞き手に対して自分のところに来て座るように言うときに「坐过来」と表現するが，これを直訳すると「座る＋こちらに来る」となり，時間の流れに即した動作の流れ(すなわち，こちらに来て，座る)と順序が逆転している。こういった現象を説明するために，「終端プロファイリングによる系列動作統合」という事象把握の方法が提案されている。

連金发「閩南語における方位・構文・解釈」は，Goldberg(1995)による構文文法に基づき，閩南語における「toa^3(住)」が異なる構造の組み合わせにおいて3種類の文法的・意味的特徴を持つことを明らかにした上で，そこに見られる文法化の進度の違いについて考察している。

最後に，古川裕「現代中国語における＜変化＞事象の捉えかたと構文特徴」は，＜変化＞と捉えられる事象には断続的変化と連続的変化の2種類があり，その違いが中国語の語形成レベルおよび構文レベルに反映されることを論じている。断続的変化というのは，2つの参与者の間に生じる断続的で点的な変化で，中国語ではこのような変化は動詞"換"によって言語化される。他方，連続的変化というのは，特定の参与者の身の上に生じる連続的な変容事象で，このような線的な変化は中国語では動詞"変"によって言語化される。

3. 執筆者紹介

日中交流をさらに深めるため，ここに執筆者の略歴を簡単に紹介しておく。

井上優(いのうえ　まさる)氏は，麗澤大学外国語学部に所属し，日本語の文法・意味を中心に記述研究を行うだけでなく，日本語と中国語・韓国語との対照研究を繰り広げている。主な出版物は，『日本語文法のしくみ』(研究社, 2002)のほか，「モダリティ」(『シリーズ方言学2　方言の文法』岩波書店, 2006),「テンス・アスペクトの比較対照：日本語・朝鮮語・中国語」(生越直樹(編)『シリーズ言語科学4　対照言語学』東京大学出版会, 2002, 共著),「日本語と中国語の真偽疑問文」(『国語学』184, 1996, 共著)があげられる。

影山太郎(かげやま　たろう)氏は，国立国語研究所に所属し，理論言語学を

中心に，日本語や英語の語彙意味論と形態論の理論構築に貢献している．主要著作には，『文法と語形成』(ひつじ書房，1993)，『動詞意味論』(くろしお出版，1996；中国語訳『動詞語義学：語言与認知的接点』中央広播電視大学出版社，2001) の他に，*Voice and grammatical relations* (John Benjamins, 2006, 共編)，「言語の構造制約と叙述機能」(『言語研究』136, 2009), "Variation between endocentric and exocentric word structures" (*Lingua* 120, 2010) などがある．

　沈　力(しん　りき)氏は，同志社大学大学院文化情報研究科に所属し，中国語と日本語の統語論・意味論を中心に研究を展開している．主要著作は，"Aspect agreement and light verb in Chinese: A comparison with Japanese" (*Journal of East Asian Linguistics* 3, 2004), 「汉语蒙受句的语义结构(中国語における受影文の意味構造について)」(『中国语文』1, 2009) のほかに，『汉日理论语言学研究』(学苑出版社，2009, 共編) などがあげられる．

　益岡隆志(ますおか　たかし)氏は神戸市外国語大学大学院外国語学研究科に所属し，日本語の意味論や構文論を中心に尖鋭的な記述研究を展開している．主要な著作は『命題の文法』(くろしお出版，1987)，『複文』(くろしお出版，1997)，『日本語モダリティ探究』(くろしお出版，2007) があげられる．

　定延利之(さだのぶ　としゆき)氏は，神戸大学大学院国際文化学研究科に所属し，日本語のコミュニケーション論や認知論を中心に研究を広げている．主な出版物は『日本語社会　のぞきキャラくり：顔つき・カラダつき・ことばつき』(三省堂，2011)，『煩悩の文法：体験を語りたがる人びとの欲望が日本語の文法システムをゆさぶる話』(筑摩書房，2008)，『ささやく恋人，りきむレポーター：口の中の文化』(岩波書店，2005) の他に，『認知言語論』(大修館書店，2000) の研究もある．

　風間伸次郎(かざま　しんじろう)氏は，東京外国語大学大学院総合国際学研究院に所属し，アルタイ諸言語とくにツングース諸語を中心に記述的研究を展開している．主要な論文は，「接尾型言語の動詞複合体について」(宮岡伯人(編)『北の言語：類型と歴史』，三省堂，1992)，「アルタイ諸言語の3グループ(チュルク，モンゴル，ツングース)及び朝鮮語，日本語の文法は本当に似てい

るのか：対照文法の試み」(アレキサンダー・ボビン・長田俊樹(共編)『日本語系統論の現在』日文研叢書31, 国際日本文化研究センター, 2003)のほかに, "On the 'causative' forms in Tungus languages" (C. Naeher (ed.) *TUNGUSO SIBIRICA 9. Trends in Tungusic and Siberian Linguistics.* Wiesbaden: Harrassowitz Verlag, 2004)があげられる。

杉村博文(すぎむら　ひろふみ)氏は, 大阪大学大学院言語文化研究科に所属し, 中国語を中心に文法と意味の記述を推進している。主要な論文は, 「"我妹妹"和"我的妹妹"的位置」(『現代中国語研究』創刊第2期, 朋友書店, 2001), 「现代汉语"把"字句"把"的宾语带量词"个"」(『世界汉语教学』第1期, 2002)や「汉语的被动概念」(邢福义(主編)『汉语被动表述问题研究新拓展』华中师范大学出版社, 2006)などである。

古川裕(ふるかわ　ゆたか)氏は, 大阪大学大学院言語文化研究科に所属し, 認知言語学に基づいて中国語の文法を研究するとともに, 中国語教育の研究にも精力を注いでいる。代表作として, 『日本现代汉语语法研究论文选』(主編, 北京语言大学出版社, 2007)や「关于"要"类词的认知解释？」(『汉语主观性与主观化研究』商务印书馆, 2012)の他に, 『チャイニーズ・プライマー』(東方書店, 2001), 『超級クラウン中日辞典』(主編, 三省堂, 2008)などもあげられる。

連金發(れん　きんぱつ)氏は, 国立清華大学語言学研究所に所属し, 方言歴史文法や意味論を中心に研究を繰り広げている。主要な著作は, "The focus marker si^7 是 and lexicalization of Si^7 Mih^8 是乜 into what wh-words in earlier Southern Min texts" (*Language and Linguistics* 10, 2009) や, "The dual function of liah^8 力 in Li Jing Ji" (*Journal of Chinese Linguistics* 38, 2010) や "Middles in Taiwanese southern Min: The interface of lexical meaning and event structure" (*Lingua* 120, 2010)など多数あげられる。

テンスの有無と事象の叙述様式
日本語と中国語の対照

井上　優

要旨　日本語と中国語には「日本語では言語化しなくても表現できることが，中国語では言語化しないと表現できない」，「日本語では1つの要素で表現できることを，中国語では複数の要素を組み合わせて表現する」という相違がしばしば観察される。その相違は「日本語：事象叙述の所与の枠組みに依拠して事象を叙述する」，「中国語：事象叙述の所与の枠組みなしに事象を構成的に叙述する」という相違として一般化できる。また，そのことには文法カテゴリーとしてのテンスの有無が関係している。

1. はじめに

日本語と中国語を対照していると，次のような現象にしばしば遭遇する。

- 日本語では言語化しなくても表現できることが，中国語では言語化しないと表現できない。
- 日本語では1つの要素で表現できることを，中国語では複数の要素を組み合わせて表現する。

本稿では，このような現象のうち，①変化の表現様式，②段階性付与の様式，③形容詞文の表現様式，④独立文としてのすわりのよさの4つをとりあげ，日本語と中国語の事象叙述様式が次のような対照的な性格を有することを

述べる(以下では「事象」をアクチュアルな事象としての出来事とポテンシャルな事象としての属性の総称として用いる)。

　　日本語：事象を叙述する所与の枠組みに依拠して事象を叙述する。
　　中国語：事象を叙述する所与の枠組みなしに事象を構成的に叙述する。

　そして，この違いが文法カテゴリーとしてのテンスを持つ(日本語)，あるいは持たない(中国語)ということと密接に関係することを述べる。
　本稿の内容と関連する議論に大河内(1997)，黄(2004)がある。大河内(1997)は，中国語では表現素材としての「素表現」とそれに個別性・具体性を与える表現とを組み合わせて「個別的具体的表現」をつくるとしている。また，黄(2004)は，中国語の不定名詞主語文が個別具体的な出来事の叙述になるには時間，空間，様態を明示して叙述の具体性を上げることが必要であることを指摘し，その原因を中国語の無テンス性，すなわち時間の支えなしに個別具体的な出来事を叙述するという性質に求めている。
　これらの知見から浮かび上がってくる中国語の姿は，時間の支えを前提とせず，むしろ，時間以外の手段を用いてその支えを近似的に構築しながら，事象を構成的に叙述するというものである。以下の議論は，この見方を日本語も視野に入れながら，筆者なりに展開させたものである。

2. 述語形式が表すことがら

　先の①〜④の現象について考える前に，日本語と中国語の述語形式が表すことがらについて述べる。
　日本語は文法カテゴリーとしてのテンスを有し，「事象と時間との関係」が述語形式によって表される。述語形式に時間の要素が内包されていると言ってもよい。

(1)　a.　彼は去年北京で働いた。(過去)
　　　b.　彼は現在北京で働いている。(現在)

c. 彼は来年北京で働く。（未来）

　一方，中国語は文法カテゴリーとしてのテンスを持たない言語であり，述語形式に時間の要素が内包されていない。述語形式も事象と時間との関係を表すわけではない。

(2) 　a. 他　去年　在　北京　工作。
　　　　 彼　去年　で　北京　働く
　　　　'彼は去年北京で働いた。'
　　 b. 他　現在　在　北京　工作。
　　　　 彼　現在　で　北京　働く
　　　　'彼は現在北京で働いている。'
　　 c. 他　明年　到　北京　工作。
　　　　 彼　来年　行く　北京　働く
　　　　'彼は来年北京で働く。'

　中国語の述語形式が表すのは，「力」によって形づくられる「事象の形」である（井上・生越・木村 2002）。事象を形づくる力の存在を基盤として，事象を構成的に叙述するわけである。完了の動詞接尾辞「了」（以下「了₁」）は，区切りを持つ限界的事象を表す動詞句につき，事象が「閉じた形」をとっていることを表す（例 3, 4）。状態維持の動詞接尾辞「着」は状態維持を表す動詞につき，事象が「開いた形」をとっていることを表す（例 5）。

(3)　　我 {等了 / *等着}　他 三个小时。
　　　　 私　待つ-完了　待つ-維持　彼　3時間
　　　　'私は彼を3時間待った。'
(4)　　袜子 {破了 / *破着}。
　　　　 靴下　破れる-完了　破れる-維持
　　　　'靴下が破れた。'

(5) 我 {等着／ ＊等了} 他。
　　 私　待つ-維持　待つ-完了　彼
　　 '私は彼を待っている。'

　(2)の「工作(働く)」も，アスペクト接尾辞を用いないことにより，動作が習慣的事象の形で存在する(した)ことが表されている。

　述語形式に時間の要素が内包されていない中国語では，事象を形づくる力が想定できないことがらは事象そのものが存在しないということであり，叙述の対象にならない。「3時間待つ」「破れる」のような「閉じた形」の事象は事象を完結させる力により形づくられるので，「等了三个小时」「破了」とは言えるが「＊等着三个小时」「＊破着」とは言えない(例3, 4)。逆に，「彼を待つ」のような「開いた形」の事象は事象を維持する力により形づくられるので，「等着他」とは言えるが「＊等了他」とは言えない(例5)。

　「＊破着」が成立しないことについては若干補足が必要である。日本語では「(座ったままの意で)座っている」「(破れたままの意で)破れている」はいずれも状態の維持・存続を表すが，中国語では「坐着(座っている)」とは言えても，「＊破着(破れている)」とは言えない(条件によっては「破着」と言える。後述)。これは，座った状態を維持する力は容易に想定できるが，破れた状態を維持する力は想定しにくい(力なしでも破れた状態は存続する)からである。状態維持の意味で「座り続けている」とは言えるが，「＊破れ続けている」とは言えないのと同じである。述語形式が時間の要素を含む日本語では，状態維持の力が想定できなくても，状態の維持・存続が時間の流れに位置づけられればよい。そのため，「(座ったままの意で)座っている」と同じように「(破れたままの意で)破れている」と言える。

3. 変化の表現様式
3.1. 主体変化動詞文

　前節の内容をふまえ，まず日本語と中国語の変化の表現様式の違いについて述べる。

変化には，自然発生的に生じる自律的な変化と，動作の結果として生じる非自律的な変化がある。日本語では両者ともに主体変化動詞(以下「ナル」)で叙述することができる。自律的変化か非自律的変化かに関係なく，結果のみに言及して「結果としてこうなった」という形で変化を叙述できるわけである。(6)～(8)は自律的変化と非自律的変化の両方が考えられるもの，(9)～(10)は非自律的変化のみが考えられるものである。

(6)　服が乾いた。(干した結果乾いた／自然に乾いた)
(7)　服が汚れた。(動作の結果汚れた／自然に汚れた)
(8)　病気が治った。(治療の結果治った／自然に治った)
(9)　服がきれいになった。(洗った結果きれいになった／??自然にきれいになった)
(10)　自転車が直った。(修理の結果直った／??自然に直った)

一方，中国語では，結果のみに言及して「結果としてこうなった」という形で変化を叙述できるのは自律的な変化に限られる(木村 1997b)。動作の結果生じた非自律的な変化を叙述する場合は，通常「洗－干净(洗う－汚れがない)」，「修－好(直す－よい)」のような「動作－結果」の複合動詞(VR 構造)を用いて，結果をもたらした動作に言及する[1]。(14)～(15)のように自然発生的に生ずるとは考えにくい変化について結果のみに言及するのは不自然である[2]。

---

[1] VR 構造は自他両用であり，次の例のように他動詞的にも使える。
　　小李　把　衣服　洗干净了。
　　李さん　を　服　洗う-清潔だ-完了
　　'李さんは服を洗ってきれいにした。'

[2] 非自律的変化を述べる文でも，変化の推移が実感できる場合は，動作の部分を言語化しなくてよいことがある。
　　(娘が汚れたハンカチを持って「汚れが落ちない」と言ってきた。母親がそのハンカチをその場で洗って)
　　你看，干净了　　吧？
　　ほら　清潔だ-完了　確認
　　'ほら，きれいになったでしょう?'

(11) a. 衣服 晾干了。
　　　 服　干す‐乾いている‐完了
　　　 '服が陰干しして乾いた。'
　　b. 衣服 干了。
　　　 服　乾いている‐完了
　　　 '服が自然に乾いた。'
(12) a. 衣服 弄脏了。
　　　 服　する‐汚れている‐完了
　　　 '服が動作により汚れた。'
　　b. 衣服 脏了。
　　　 服　汚れている‐完了
　　　 '服が自然に汚れた。'
(13) a. 他的 病 已经 治好了。
　　　 彼の 病気 すでに 治す‐よい‐完了
　　　 '彼の病気はすでに治療して治った。'
　　b. 他的 病 已经 好了。
　　　 彼の 病気 すでに よい‐完了
　　　 '彼の病気はすでに自然に治った。'
(14) a. 衣服 洗干净了。
　　　 服　洗う‐清潔だ‐完了
　　　 '服が洗ってきれいになった。'
　　b.??衣服 干净了。
　　　 服　清潔だ‐完了
　　　 '??服が自然にきれいになった。'
(15) a. 他的 自行车 修好了。
　　　 彼の 自転車 修理する‐よい‐完了
　　　 '彼の自転車は修理して直った。'
　　b.??他的 自行车 好了。
　　　 彼の 自転車 よい‐完了

'?? 彼の自転車は自然に直った.'

　日本語の感覚では，変化を叙述するのにいちいち動作に言及する中国語のやり方は不思議な印象を受ける。しかし，変化の表現様式に関するこのような違いは，次のように考えれば自然に理解できる（井上 2006）。
　「変化」とは，変化前の状態から変化後の状態に推移する，すなわち変化前と変化後の間の「境界」ができることである（井上・黄 2000 参照）。

(16)　　　　　　変化
　　　　　　　　→
　　　　| 変化前 | 変化後 |

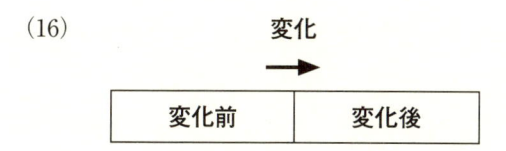

　日本語では，変化前から変化後への推移（(16)の矢印部分）が主体変化動詞として言語化されている。テンスを有する日本語では，変化を叙述するために必要な時間の流れが述語形式に内包されているのである。

(17)　「きれいになった」
　　　　　　　変化（なる）
　　　　　　　　→
　　　　| −きれい | ＋きれい |

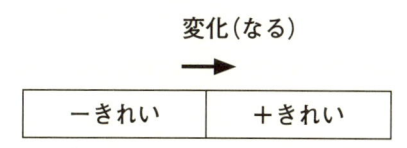

　一方，述語形式に時間の要素が内包されない中国語では，「動作−結果」という2つの局面を組み合わせて時間の流れをつくる形で変化を叙述する。2枚のスライドを組み合わせて動画にするのと同じように，中国語では「動作−結果」の組み合わせで変化を構成的に叙述するのである。

(18) "洗干浄了"(洗ってきれいになった)

変化(なる) →

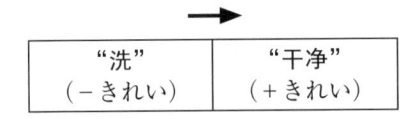

"洗"	"干浄"
(−きれい)	(＋きれい)

次の(19)でも,「打开了(あけてあいた)」は,日本語で言えば「(動作の結果)あいた」ということを述べている。「打」という動作に言及するのは,「動作−結果」の2つの局面を組み合わせて1つの変化を叙述するためであり,動作を出来事として描写するためではない。

(19) (ジャムの瓶のふたが固くてなかなかあかない。えい！と力を入れたところ,ふたがあいた)
    a. あいた。/?? あけた。
    b. 打开了。
        あける-あく-完了
        'あけた結果あいた。'

(11b)〜(13b)のように,動作に言及せずに自律的な変化を叙述する場合も,中国語では「自然力−結果」という2つの局面を組み合わせて変化を叙述すると考えるのが自然である(特定の動作が想定できず「何らかの力」としか言えない場合も自然力に含める)。動作に言及しない場合は,自然力を読み込む形で時間の流れをつくり,変化を構成的に叙述するわけである。

(20) "干了"(自然に乾いた)

変化(なる) →

自然力	"干"
(−乾燥)	(＋乾燥)

(11b)〜(13b)は「形容詞＋了」の形式の変化表現だが，次のような「主体変化動詞＋了」の形式も「自然力－結果」という組み合わせで変化を叙述していると考える。

(21) a.　我的　猫　死了。
　　　　　私の　猫　死ぬ - 完了
　　　　　'私の猫が死んだ。'
　　 b.　袜子　破了。
　　　　　靴下　破れる - 完了
　　　　　'靴下が破れた。'
　　 c.　门　开了。
　　　　　ドア　あく - 完了
　　　　　'ドアがあいた。'

3.2.　関連現象：受動表現

前節で述べたように，日本語では述語形式が単独で変化を叙述し，中国語では「動作(自然力)－結果」の組み合わせで変化を構成的に叙述する。これと類似の違いが日本語と中国語の受動表現にも観察される。

日本語でも中国語でも，受動文は「影響を受ける」ことを述べる表現である。しかし，中国語では「影響を受ける」ことを述べるのに，動作主の動作の結果として被動主がある状態にナル(木村2000)ことを述べる必要がある。実際，中国語の受動文においては，動作の結果を明示的に述べる(例23b)，あるいは「烧(焼く)」「打(なぐる)」のように結果を強く含意する動詞を用いる(例24b)などして，「動作」と「動作を受けた結果」の2つに言及する必要がある(木村1992)。日本語の受動文にはそのような制約はない。

(22) a.　シャオミンがシャオホンに引っぱられた。
　　 b.??小明　　被　小红　　拽了。
　　　　シャオミン　受動　シャオホン　引っぱる - 完了

(23) a. シャオミンがシャオホンに引き倒された。
   b. 小明　　被　小红　　　拽倒了。
      シャオミン 受動 シャオホン 引っぱる‐倒れる‐完了
(24) a. 彼の家はごろつきに焼かれた。
   b. 他的　房子　被　地痞　　烧了。
      彼の　家　　受動 ごろつき 焼く‐完了　　　（以上，木村 2000）

　述語形式に時間の流れが組み込まれている日本語では，「影響を受ける」過程そのものが動詞の受動形式で表される。一方，中国語の受動文は「動作」と「動作を受けた結果」の2つを組み合わせて時間の流れをつくることにより，「影響を受ける」過程を構成的に叙述する。変化の表現の場合と本質的に同じことが受動表現においても起こっているのである。

4. 段階性付与の様式
4.1.「もう」「やっと」と「就」「才」
　次に，動作の時点や地点に「段階性」を付与する様式について見ていく。
　事態実現が想定よりも早いことを述べる場合，中国語では「軽い条件で事態が実現する」ことを表す「就（もう，早くも）」を用いる。事態実現が想定よりも遅いことを述べる場合は，「重い条件のもとではじめて事態が実現する」ことを表す「才（やっと）」を用いる。この場合，「就」「才」の使用は必須である。

(25) 演出 七点半 开始，他 七点 |就／*φ| 到 剧场 了。
　　 公演 7時半 始まる 彼 7時　　もう　 着く 劇場 場面変化
　　 '公演は7時半に始まるが，彼は7時にはもう劇場に着いた。'
(26) 演出 七点半 开始，他 八点 |才／*φ| 到 剧场。
　　 公演 7時半 始まる 彼 8時　　やっと　着く 劇場
　　 '公演は7時半に始まったが，彼は8時にやっと劇場に着いた。'
　　　　　　　　　　　　　　　　　　　　　　　　　　　（刘月华ほか 2001）

この場合，日本語では特に「もう」「やっと」と言う必要はない。事態実現時点(7時／8時)を強調すれば，事態実現のタイミングが想定外であるという含みを持つ文になりうる(想定より早いか遅いかは文脈で決まる)。

(27) a. 公演は7時半に始まったが，彼は**7時**に劇場に着いた。
    b. 公演は7時半に始まったが，彼は**8時**に劇場に着いた。

中国語では，時点を強調しても事態実現のタイミングが想定外という含みは生じない。事態実現のタイミングが想定外であることを表すには，「就」「才」と言わなければならない。

次の例でも，中国語では「就」の使用が必須だが，日本語では事態実現地点(A駅)を強調すれば，事態実現が想定よりも早いという含みが生ずる。

(28) (通勤電車で，ふだんは最寄り駅のA駅から数えて7駅目のG駅でないと座れないが，今日は乗客が少なく，A駅で座れた)
    a. 今日は**A駅**で座れた。
    b. 今天　在 A 站　<u>就</u>　坐上　座位　了。
        今日　で　A駅　もう　座る　座席　場面変化
        '今日はA駅で<u>もう</u>座席に座れた。'
    c. ??今天　在 A 站　坐上　座位　了。
        今日　で　A駅　座る　座席　場面変化
        '今日はA駅で座席に座った。'

このような日本語と中国語の違いは，動作の時点や地点に「段階性」を付与する様式が両言語で異なることから生ずる。

事態実現が想定より早い(遅い)とは，事態実現に要する段階が想定より少ない(多い)ということである。(28)では，事態実現が想定よりも6段階早かったことが述べられている。

(29)

```
            -6        -5         …    -1        0
            A駅       B駅        …    F駅       G駅      …
想定       (座れない) (座れない)      (座れない) (座れる)
現実        座れた
```

　日本語では，(29)のような「事態実現に要する段階のスケール」を想定するだけで地点に段階性が付与される。そして，事態実現が想定よりも早いことを述べる場合は，事態実現の地点を強調して予想外の気持ちを表せば「想定より前の段階で」という含みの文になる。「A駅でもう座れた」と言うと「想定より前の段階で」という気持ちがより強調される。

　中国語はこれとは逆の表現様式をとる。すなわち，「就」を用いて事態実現に要する段階が想定より少ない(より軽い条件で事態が実現した)ことを述べることにより，文に「想定より前の段階で」という含みを持たせる。日本語のように地点に段階性を付与した上で「A駅で座れた」と言うのではなく，「就」と言うことにより「A駅」に段階性を付与しているのである。

　「就」のない(28c)では，「A駅」は「段階」を表さない。(28c)が表すのは「A駅で座席に座る動作をおこなった」ということだけであり，「想定より前の段階で」という意味はない。そのため，(28)の文脈にはそぐわない。

　時点に段階性が付与された(25)～(27)でも事情はまったく同じである。日本語では，文脈により時点に段階性が付与されており，事態実現時点(7時/8時)を強調すれば，「想定より前(後)の段階で」という含みの文になる。中国語では，「就」「才」で事態実現に要する段階が想定より少ない(多い)ことを述べることにより，文に「想定より前(後)の段階で」という含みを持たせる。日本語では「もう」「やっと」と言わなくても時点や地点に段階性が付与できるが，中国語では「就」「才」と言わなければ段階性が付与できないのである。

　次の(30)でも，「就」を用いて「8時」を容易に実現できる条件として述べることにより，「それほど遅い時間にはならずに」という段階性の意味が出てくる。「就」がない場合は段階性の意味は含まれず，「6時乗車，8時帰宅」の

ように既定のスケジュールを述べる文になる。

(30) (帰宅時間を知らせるために電車から携帯でメールする)
我　坐上了₁　六点的　快车，八点　就　能　到　家。
私　乗る-完了　6時の　快速　　8時　もう　可能　着く　家
'6時の快速に乗車，8時には家に着きます.'

　段階性は状況の展開という時間の要素と密接に関係する。述語形式に時間の要素が内包されている日本語は段階性のスケールを導入するための基盤を有しており，あとは文脈から実際にスケールが導入されればよい。一方，述語形式に時間の要素を含まない中国語は段階性のスケールを導入するための基盤を持たない。そのため，「事態実現に要する段階の多少」を明示的に述べることにより，叙述に段階性を持たせることになる。

4.2. 関連現象：「仮定－帰結」の複文

　「就」は「仮定－帰結」の複文においても重要な役割をはたす。中国語の文連接においては，命題間の意味関係が文脈から明らかな場合は接続表現は不要なことが多い。しかし，その一方で，「仮定P→帰結Q」という時間の流れにそったsyntagmaticな関係を述べる場合は，「軽い条件で実現する」という状況の推移を表す「就」を用いる必要がある。

(31) 你　说　得　慢　点儿，我　就　能　听懂。
　　 あなた　話す　de　遅く　少し　私　それで　可能　聞きとる
　　 'ゆっくり話してくれるとそれで聞きとれる.'

　「就」のない条件複文は，仮定Pが成立する場合と成立しない場合のparadigmaticな対比にもとづく分類（PはQに対応し，〜Pは〜Qに対応する）を述べるにとどまる（井上2003）。この場合，命題間の対応関係が述べられるだけで，時間の流れにそった推移の意味は含まれない。

(32) 你　　说　　得　　慢　　点儿,　我　能　　听懂;　　说　　得　　快了,
　　　あなた 話す de 遅く 少し 　私 可能 聞きとる 話す de 速い
　　　我　听不懂。
　　　私　聞きとれない
　　　'ゆっくり話す場合は聞きとれ,はやく話す場合は聞きとれない。'

中国語においては,条件の軽重を表す「就」が時間の流れにそった推移の関係を構築する言語的手段に,また,対比形式が時間の流れにそった推移を含まない関係を構築する言語的手段になっているのである。

5. 形容詞文の表現様式
5.1. 中国語の形容詞

本節では,日本語と中国語の叙述様式の違いが最も明確に現れる形容詞の問題をとりあげる。

中国語の形容詞を述語とする肯定平叙文(以下「形容詞文」)は,次のような性質を持つことが知られている。

① 形容詞を単独で述語として用いた形容詞文は「比較・対比」の意味が含まれる。例:这件衣服大,那件衣服小。(この服は大,あの服は小。)
② 対比の意味を含まない形容詞文をつくるには,「今天很冷(今日は寒い)」,「他学习很好(彼は勉強ができる)」のように程度副詞「很(とても,たいへん)」をつける。「很」はもともと程度が高いことを表すが,この場合は程度の意味は弱まっている。

日本語で性質を叙述するには,「この服は大きい」「今日は寒い」のように形容詞を単独で用いればよく,程度副詞をつける必要はない。また,形容詞を単独で用いても対比の意味は特に生じない。「很(とても)」の「程度の意味」が弱まるというのも日本語の感覚ではわかりにくい。

日本語と中国語のこのような違いは,所与の基準枠に依拠して性質を叙述す

るか（日本語），所与の基準枠に依拠せずに性質を構成的に叙述するか（中国語）という違いから生ずる。

　1枚の絵（実物は大きい）が写った2種類の写真がある。1枚はその絵が美術館の中にあるのをとった背景つきの写真A，もう1枚は（パンフレットにあるような）その絵だけが写った背景なしの写真Bである。背景（絵が存在する空間）のある写真Aでは，背景を基準枠として絵が「大きい」ことが把握できる。これが日本語の「この絵は大きい」の述べ方である。形容詞を含む述語形式に時間の要素が内包されている日本語では，個体の性質を具体的な時空間に存在する姿（性質の程度が具現化された姿）で叙述することができるのである。

(33)　日本語

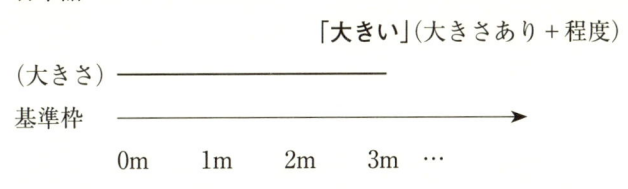

　　　　　　　　　　　　　「大きい」（大きさあり＋程度）
　　（大きさ）――――――――
　　基準枠　――――――――→
　　　　　　0m　　1m　　2m　　3m　…

　一方，背景のない写真Bからわかるのは，その絵画が「ある大きさ（サイズ）を有する」ということだけである。それと同じように，中国語の形容詞「大」が表すのは「ある大きさを有する」ということであり，日本語の「ハガキ大」の「大」と同様，絵の大きさを述べるには程度を具体的に述べる必要がある。これが中国語の「这幅画 很大（この絵は大きい）」の述べ方である。述語形式に時間の要素を含まない中国語では，所与の基準枠なしに程度と尺度（この場合「大きさ」）を組み合わせて性質を構成的に叙述するのである。

(34) a.　这幅 画 很　　大。　（「很」を軽く発音）
　　　　この 絵 とても 大
　　　　'この絵は他との比較なしで「大」と言える大きさ（サイズ）を有する।'

b. 这幅 画 <u>非常</u> 大。
     この　絵　非常に　大
     'この絵は非常な大きさ(サイズ)を有する。'
(35) 中国語
                            「很大」(大きさあり＋程度)
     (「大」)―――――――――――

　(34a)の「很(とても)」は，強く発音された場合は「他者との比較なしで無条件に程度が高い」ことを表し，軽く発音された場合は「他との比較なしで…と言えるレベルにある」ことを表す[3]。「対比の意味を含まない形容詞文をつくるには「很」をつける」というのはこのことを指している。
　同程度であることを表す同等比較文も，日本語と中国語とでは述べ方が異なる。中国語の同等比較文は，程度副詞をつける場合と同じく，程度と尺度を組み合わせるだけである。一方，日本語の同等比較文は，通常の形容詞文と同じく性質の程度をはかる所与の基準枠に依拠した述べ方をする。

(36) a. あれはこれと同じくらい大きい。
        解釈：大きく，かつこれと同じくらいの大きさ(サイズ)である。
     b. 那个 <u>跟 这个 一样</u> 大。
        あれ　と　これ　同じ　大
        解釈：あれは<u>これと同じくらいの大きさ</u>(サイズ)である。大きいとは限らない。
(37) (手で大きさを示して)
     a. あれはこれくらい大きい。
        解釈：大きく，かつこれくらいの大きさ(サイズ)である。

---

[3] 日本語でも，「かなり，相当」の類は「標準と比べると程度が高い」ことを表すが，「とても，たいへん」の類は「他との比較なしで無条件に程度が高い」ことを表す。実際，「<u>かなり</u>よいが，<u>とても</u>よいとまでは言えない」とは言えるが，「??<u>とても</u>よいが，<u>かなり</u>よいとまでは言えない」とは言いにくい。

b. 那个 <u>有　这么</u>　大。
    あれ　ある　こんな　大
    解釈：あれは<u>これくらいの</u>大きさ(サイズ)である。大きいとは限らない。

このように，中国語の形容詞が表すのは性質の尺度（日本語で言えば「～さ」）である。中国語の「大」も「大きさあり」ということを表し，これだけでは意味のある述語にはならない。
中国語の「大」が単独で意味のある述語になるのは，「大きさあり」という意味ではなく，［－大］と対立する分類素性［＋大］を表す場合である。対比（分類）の文脈や比較構文で形容詞が単独で用いられた場合は，文脈や構文に支えられて，形容詞が分類素性として解釈される。「形容詞を単独で述語として用いた形容詞文は比較・対比の意味が含まれる」というのはこのことを指している。

(38) a. 这个　大，那个　不大。
    これ　大　あれ　否定-大
    解釈：これは[＋大]，あれは[－大]。
  b. 这个　大，那个　小。
    これ　大　あれ　小
    解釈：これは[＋大]，あれは[＋小]。
  c. 他　眼睛　大，鼻梁　高。
    彼　目　大　鼻　高
    解釈：彼は目は[＋大]，鼻は[＋高]。
(39) 那个　比　这个　大。
    あれ　より　これ　大
    解釈：あれはこれより大きい。あれはこれを基準とすると[＋大]。

このように，中国語では，尺度に程度限定を加えて性質を構成的に叙述す

る，あるいは他の尺度との対比により分類素性を構成するという形で性質の叙述がなされる。性質を構成的に叙述するという点は，個体の状態をリアルに描写する重ね型形容詞の場合も同じである。

(40) a. 他 脸 <u>圆圆的</u>, 像 个 皮球。
　　　　　彼 顔 丸い形だ ようだ 1個 ボール
　　　　　'彼の顔は丸くてボールのようだ。'
　　 b. 衣服 <u>干干净净的</u>, 穿着 也 舒服。
　　　　　服　　清潔だ　　　着る　も　心地よい
　　　　　'服が清潔だと着たときも気持ちよい。'

重ね型形容詞は，「的」と組み合わせて，個体の性質が付帯状況的な様態として具現化されていることを表す。この場合も，重ね型形容詞は様態のデザインを，「的」はそのデザインが実体として存在することを表すというように，様態の存在を構成的に叙述している。

5.2. 関連現象：主観性の強い形容詞文

中国語の形容詞文には，ほかにも日本語の感覚では不思議な印象を受ける現象が見られる。

日本語では，「すっごーい！」「遠ーいなー」のように，感情をこめて形容詞を発すると感嘆の気持ちを含む文になる（中川 2005, 定延 2006）。中国語では形容詞だけを単独で感情をこめて発するよりは，「真（実に）」「好（なんとも）」のような感情的意味を含む程度副詞を用いる[4]。「真」「好」を用いると程度が感嘆を引き起こすレベルにあることが表されるが，形容詞に感嘆の文末助詞「啊」をつけるだけではそれが表されないからである。

(41) （きれいな花を見て）

---

[4] 「可惜<u>啦</u>!(残念!)」のように文末助詞をつけるだけで感嘆文になる形容詞もある。

　　　　　　真　漂亮　(啊)。／ ?? 漂亮　啊。
　　　　　　実に　美しい　感嘆　　　　美しい　感嘆
　　　　　 '実にきれいだ。'
　(42)　(ややこしい状況に接して)
　　　　　　好　　　复杂 (啊)。／ ?? 复杂　啊。
　　　　　　なんとも　複雑　感嘆　　　　複雑　感嘆
　　　　　 'なんともややこしい。'

　主観性の強い程度副詞が特定の文末助詞と組み合わされて使用されるというのも，日本語の感覚ではわかりにくい。たとえば，「太(想定していた以上に)」「怪(なんともいえず)」は，それぞれ文末助詞「了(以下「了₂」)」「的」をともなう。「挺(なかなか)」も「的」と共起することが多い。

　(43) a.　这个 <u>太</u>　　贵 了₂。
　　　　　 これ あまりに 高い le2
　　　　　 'これは高すぎる。'
　　　 b.　(相手からいい話を聞いて)
　　　　　 那 <u>太</u>　　好 了₂！
　　　　　 それ まったく よい le2
　　　　　 'それはいいね！'
　(44) a.　那个 餐厅的　　菜 <u>挺</u>　　好吃　　(的)。
　　　　　 あの レストランの 料理 なかなか おいしい de
　　　　　 'あの店の料理はなかなかおいしいよ。'
　　　 b.　这只 小狗 <u>怪</u>　　　可爱　　的。
　　　　　 この 子犬 なんともいえず かわいい de
　　　　　 'この子犬はなんともいえずかわいいよ。'

　「可」も，それ自体は程度副詞ではないが，「可＋形容詞＋了₂」，「可＋形容詞＋呢」の形で「それはもう」という気持ちの形容詞文をつくる。

(45) （外に出ようとしている人に外の現状を指摘する）
　　　今天　外面　可　　　冷　｜了₂／呢｜！
　　　今日　外　　それはもう　寒い　le2　ne
　　　'今日は外はそれはもう寒いよ。'

　このような程度副詞と文末助詞の呼応は，程度副詞と文末助詞を組み合わせて，現実に存在する話し手の感覚を構成的に叙述するということである。
　文末助詞「了₂」は「場面の変化」を表す。また，文末助詞「呢」は「場面の保持」を表す（井上・生越・木村 2002。木村 2006 も参照）。

(46) （さっきまで降っていなかった雨が降っているのに気づいて）
　　　下雨　了₂。
　　　降雨　場面変化
　　　'雨が降ってきた。'
　　　（「降雨なし」場面→「降雨あり」場面）
(47) （聞き手が外に出ようとしているのを見て）
　　　外面　下着　　　雨　呢。
　　　外　　降る‐維持　雨　場面保持
　　　'外は雨が降っているよ。'
　　　（今この場とは別に，外に「降雨保持」の場面あり）

　「太（想定していた以上に）」は程度が「想定されていなかったレベル」にあることを表す。「太」が「了₂」をともなうのも，「太」の使用が「想定されていなかったレベル」という新たな枠の出現をともなうからである。また，「可」が表すのは「話し手が自己の世界に没入している」という気持ちである。「可＋形容詞＋了₂」はその場で「自己の世界」が出現したこと，「可＋形容詞＋呢」はその「自己の世界」が保持されていることを表す。
　文末助詞「的」は，判断が話し手の実感として存在することを表す。次の(48)では，「的」を用いない場合は可能性を客観的に述べる文になり，「的」を

用いた場合は「可能性が話し手の実感として存在する」という個人的見解を述べる文になる。文末助詞「的」は「確かにそうだ」という語気を表すと言われるが，これも「実感あり」ということである。

(48) 明天　会　　下　雨　(的)。
　　　明日　蓋然性　降る　雨　de
　　　'明日は雨が降るだろう。'

「挺(なかなか)」「怪(なんともいえず)」は，それぞれ程度が「満足できるレベル」「気持ちがひかれるレベル」にあることを表す。そして，「的」とともに用いられると，話し手が現実に「満足感」「親近感・切実感」を感じていることの叙述になる。

6. 独立文としてのすわりのよさ
6.1. 文法的な完全性と完結感

最後に，中国語文法でしばしば問題になる「独立文としてのすわりのよさ」の問題について考える。

中国語では，文法的に完全な文が独立文としての完結感に欠けることがよくある。たとえば，(49)は文法的には完全であるが，独立文としてはすわりが悪い。文を続ける(例50)，あるいは場面の変化を表す文末助詞「了₂」を用いると(例51)，状況が具体的にイメージされ，独立文としてすわりがよくなる。

(49) 我　在　新宿　換上了₁　　快车。
　　　私　で　新宿　乗り換える-完了　快速
　　　'新宿で快速に乗り換え。'
(50) 我　在　新宿　換上了₁　　快车，车上　人　很　多。
　　　私　で　新宿　乗り換える-完了　快速　車内　人　とても　多い
　　　'新宿で快速に乗り換え。人がとても多い。'

(51) 我 在 新宿 換上 快車 <u>了</u>₂。
    私 で 新宿 乗り換える 快速 場面変化
    '新宿で快速に乗り換えました。'

(52)も文法的には完全な文であるが，やはり文を続ける(例53)，あるいは場面の保持を表す文末助詞「呢」を用いる(例54)ほうが状況が具体的にイメージされ，独立文としてすわりがよい。

(52) 井上 在 学習 汉语。
    井上 進行 勉強する 中国語
    '井上は中国語を勉強中。'
(53) 井上 在 学習 汉语, <u>很 忙</u>。
    井上 進行 勉強する 中国語 とても 忙しい
    '井上は中国語を勉強中で忙しい。'
(54) 井上 在 学習 汉语 <u>呢</u>。
    井上 進行 勉強する 中国語 場面保持
    '井上は中国語を勉強中です。'

　この問題は，つまるところ「場面」の叙述様式の問題である。個別具体的な事象は特定の時空間(場面)の中に存在するものであり，個別具体的な出来事を叙述するとは「場面」つきで事象を叙述することである。文法カテゴリーとしてのテンスを持ち，述語形式に時間の要素が内包されている日本語は構造上，場面つきの叙述ができるようになっており，事象の叙述がそのまま場面つきの叙述になりうる。
　これに対し，文法カテゴリーとしてのテンスを持たない中国語は，事象の叙述がそのまま場面つきの叙述になることはない。むしろ，1つの事象だけ叙述しても事象の形を描くことにしかならない。そのような言語において，2つ以上の事象を述べることは，場面つきの叙述というイメージを強化することにつながる。背景なしで1人の人物が写っている写真は全身写真でしかないが，2

人以上の人物が写っていれば「複数の人物がいる場面」というイメージが増すのと同じである(井上 2012 予定)。

　文末助詞「了₂」「呢」の付加も，場面つきの叙述というイメージの強化につながる。背景なしで1人の人物が写っている写真は全身写真でしかないが，それを動画の一部にして人に動きを与えたり，写真に背景をつけたりすれば「1人の人物がいる場面」になるのと同じである(井上 2012 予定)。中国語においては，事象と同じく場面も構成的に叙述するものなのである。

6.2. 文法的な(不)完全性と言語的文脈

　独立文としてのすわりのよさに関しては別の問題もある。それは，単独では文として成立しにくいが，副詞や文末助詞を用いたり，文を続けたりすると文として成立するようになるという問題である。

(55) a. ??他　吃了₁　　饭。
　　　　彼　食べる-完了　食事
　　b.　他　吃了₁　　饭　了₂。
　　　　彼　食べる-完了　食事　場面変化
　　　'彼は食事をしたところです.'
　　c.　他　吃了₁　　饭　　就　　走了₂。
　　　　彼　食べる-完了　食事　すぐに　行く　場面変化
　　　'彼は食事後すぐに出かけた.'
(56) a. *袜子　破着。
　　　　靴下　破れる-維持
　　b.　袜子　还　破着　　呢。
　　　　靴下　まだ　破れる-維持　場面保持
　　　'靴下はまだ破れたままだよ.'
　　c.　袜子　破着,　还　没　补　呢。
　　　　靴下　破れる-維持　まだ　否定　繕う　場面保持
　　　'靴下は破れたまま，まだつくろっていない.'

「吃饭(食事する)」は「開いた形」の事象であり,事象が「閉じた形」をとっていることを表す「了₁」はつきにくい(例55a)。また,「破(破れる)」は「閉じた形」の事象であり,事象が「開いた形」を維持していることを表す「着」はつきにくい(例56a)。しかし,文末助詞「了₂」「呢」を用いる(例55b, 56b),あるいは文を続けると(例55c, 56c),「吃了₁饭」「破着」と言えるようになる。

これらの現象は「潜在的に存在する限界点や状態維持の局面が言語的文脈の支えにより顕在化する」という現象である。

まず,(55b),(55c)で「吃了₁饭」と言えることには,食事には通常終わりがあり,「吃饭(食事する)」が潜在的には「閉じた形」の事象でありうることが関係している。(55c)では「食事→出発」という推移の描写により,また(55b)では食事を「食事場面→現在の場面」という場面の変化の中に位置づけることにより,食事の限界性が顕在化され,完了の「了₁」がつけられるようになる(木村1997a 参照)。

次に,(56b),(56c)で「破着」と言えることには,「破れる」が可逆的な変化(変化前の状態に戻りうる変化)であることが関係している。「死ぬ」のような不可逆的な変化では結果状態の維持は想定できないが,可逆的な変化であれば,潜在的に「変化前の状態に戻らない状態の存続」(今の場合「破れたままの状態」)が想定できる。その意味で,「破」は潜在的には「開いた形」の事象でありうる。しかし,第2節で述べたように,「破着」だけでは「破れた状態を存続させる力」がイメージされず不自然になる。(56b),(56c)では,副詞「还(まだ)」や「場面の保持」を表す文末助詞「呢」を用いたり,あるいは「未修復である」ことを述べたりすることにより,「破れた状態を存続させる力」がイメージされ,状態維持の「着」がつけられるようになる。

事象や場面を構成的に叙述する中国語にあっては,潜在的に存在する性質を顕在化させるための支えも言語的に構成する形をとるのである。

7. おわりに

本稿では,日本語と中国語の事象叙述様式が「事象を叙述する所与の枠組み

に依拠して事象を叙述する」(日本語),「事象を叙述する所与の枠組みなしに事象を構成的に叙述する」(中国語)という対照的な性格を有すること,そして,その違いが文法カテゴリーとしてのテンスを持つ(日本語),あるいは持たない(中国語)ことと関係することを述べた。比喩的に言えば,日本語は「内骨格型」の言語,中国語は「外骨格型」の言語だということである。今後,この類型の有効性を,日本語,中国語以外の言語も視野に入れて検証する必要がある。また,本稿で述べたことがらを,たとえば認知言語学の概念を用いて理論化することも今後の課題である。

参照文献

黄師哲 (2004)「无定名词主语同事件论元的关系」『中国语言学论丛』3: 93-110. 北京:北京语言大学出版社.
井上優 (2003)「文接続の比較対照:日本語と中国語」『言語』32(3): 54-59.
井上優 (2006)「日本語から見た中国語」『日本語学』25(3): 26-33.
井上優 (2012予定)「モダリティの比較対照:日本語と中国語」『ひつじ意味論講座 第4巻 モダリティⅡ:事例研究』東京:ひつじ書房.
井上優・黄麗華 (2000)「否定から見た日本語と中国語のアスペクト」『現代中国語研究』創刊・第1期: 112-122. 京都:朋友書店.
井上優・生越直樹・木村英樹 (2002)「テンス・アスペクトの比較対照:日本語・朝鮮語・中国語」『シリーズ言語科学4 対照言語学』125-129. 東京:東京大学出版会.
木村英樹 (1992)「BEI 受身文の意味と構造」『中国語』第389号(1992年6月号): 10-15. 東京:内山書店.
木村英樹 (1997a)「動詞接尾辞"了"の意味と表現機能」『大河内康憲教授退官記念中国語学論文集』157-179. 東京:東方書店.
木村英樹 (1997b)「'変化'和'动作'」『橋本萬太郎記念中国語学論集』185-197. 東京:内山書店.
木村英樹 (2000)「中国語ヴォイスの構造化とカテゴリ化」『中国語学』247: 19-39.
木村英樹 (2006)「「持続」・「完了」の視点を超えて:北京官話における「実在相」の提案」『日本語文法』6(2): 45-61.
刘月华・潘文娱・故韡(2001)『实用现代汉语语法 增订本』北京:商务印书馆.(旧版(1983,外语教学与研究出版社)日本語訳:相原茂(監訳)『現代中国語文法総

覧』東京：くろしお出版.)
中川正之（2005）『漢語からみえる世界と世間』東京：岩波書店.
大河内康憲（1997）『中国語の諸相』東京：白帝社.
定延利之（2006）『ささやく恋人，りきむリポーター：口の中の文化』東京：岩波
　　書店.

2

付加詞主語構文の属性叙述機能

影山太郎・沈 力

要旨 意図的使役を表す他動詞では動作主が主語として具現されるのが一般的な規則である。ところが，この規則に反して道具や場所を表す付加詞が主語の位置に生起するという例外的な現象が日本語と中国語で観察される。本稿では，このような構文は特定の時空間において発生する事象を表す通常の文ではなく，主語となる付加詞名詞句の属性(機能や役割)を描写する属性叙述文であることを明らかにする。これにより，動作主の意志に基づいて展開する事象を時間の流れにそって表現する事象叙述機能に対して，時間の流れを超越して主語名詞句の特性を描写する属性叙述機能の重要性が明らかになる。

1. はじめに：事象と属性

従来，統語論の研究では，統語構造において文法的(適格)な文と非文法的(不適格)な文をできるだけ一般的な形で峻別する法則を見つけることを目的として，個々の統語現象に関わる個別の規則・制約から，複数の統語現象にまたがる一般的な制約・原理まで，様々な適格性条件を探求してきた。この考え方によると，そのような制約や規則に適合する文が文法的(適格)であり，それに違反する文は非文法的(不適格)であるということになる。

しかしながら，想定される規則や制約から逸脱しているのに当該言語として適格であると認められる場合が時折観察される。そのような異常な事例は，上記のアプローチによる統語論では適切に取り扱うことができず，例外として別記されたり，あるいは統語論以外の領域(とりわけ，狭い意味での語用論)に追

いやられたりすることがしばしばあった。

　ところが，影山(2009)で指摘したように，そのような例外的な事例を様々な言語から集めて詳細に分析してみると，それらに共通する性質として，モノ（ほとんどの場合，主語）の特性・属性を表すという特別な機能を持つことが分かる。一例として，日本語の受動文を見てみよう。通常，受動文が最も適用しやすいのは，「殺す，作る」のように対象物（目的語）の変化を描写する他動詞であり，他方，対象物に変化を引き起こさないような動詞——たとえば次例の「読む，登る，走る」など——を受動化することは認めにくい。

(1) a. 本を読む　　　→ *村上春樹の小説が昨日私の妹に読まれた。
　　b. 山を／山に登る → *その山は昨日15人の高校生に登られた。
　　c. コースを走る　→ *そのコースは，あした私の父に走られる。

ところが，この一般的な制約に反して，同じ「読む，登る，走る」という動詞でも，(2)のようにすると，適格な受動文を作ることができる。

(2) a. 村上春樹の小説は世界中の若者に読まれている。　　(cf. 益岡 1987)
　　b. あの山は，これまで登られたことがない。
　　c. 日本横断で東京から新潟は，よく走られているコースだ。

(1)と(2)の違いはどこにあるのだろうか。

　(1)の非文法的な受動文はいずれも「昨日」といった時間副詞を伴い，その日に起きた（起きる）出来事や活動を表している。ある特定の時間に実際に発生した（発生する）事象を述べる文については，「受動文は，動作主の行為によって変化を被る対象物に適用される」という一般的な制約が成立する。他方，(2)の適格な受動文は，特定の日時に発生した事象を述べているわけではない。「よく〜ている」や「〜したことがない」といった表現から分かるように，(2)の例はいずれも，単発的な出来事ではなく，これまでに「度々発生した」あるいは「一度も発生したことがない」という経歴を表す文であり，しか

もそれは，主語になっている名詞句にとって有意義な特徴となる経歴である。すなわち，過去の度重なる発生(あるいは無発生)を踏まえて，(2a)なら「村上春樹の小説は世界中で人気がある」，(2b)なら「あの山は険しい山である」という意味合いが含意される。益岡(2004)は，このような意味的性質を「履歴所有の属性」と呼んでいる(江口 2008，影山 2006 なども参照)。

属性にはもうひとつ，「本来的な属性」ないし「固有の属性」と呼ぶべきものもある(益岡 2004，影山 2008)。たとえば次のような例である。

(3) a. 日本人は勤勉だ。
     b. 私の英語の先生は青い目をしている。　　　　(cf. 影山 2004)

(3a)の「日本人」は総称的(generic)な名詞句，(3b)の「私の英語の先生」は特定の人物を指す指示的(referential)な名詞句であるが，いずれの場合も，「勤勉だ」「青い目をしている」という述語は主語(ないし主題)が本来的ないし固有に持つ性質を表している。

このように，ある時間に実際に起こった／起こっている／起こるだろう事象を表す叙述機能を「事象叙述」，主語ないし主題の特性・属性を描写する機能を「属性叙述」と呼ぶことにしよう(益岡 2004, 2008)。この区別は，Carlson (1980)以来，欧米の形式意味論で想定されている場面レベル叙述(stage-level predication)と個体レベル叙述(individual-level predication)の区別と概ね対応する(Kratzer 1995 など)。

従来の研究では，「事象」対「属性」の対立は特定の形容詞述語や受動文等の語彙的ないし構文的意味の違いとして論じられてきたのに対し，Kageyama (2006)，影山(2009)，呉人(2010)では，その意味的区別が統語論・形態論の「形」とどのように呼応するかを明らかにしている。一言でいうと，従来の統語論研究が追求してきたのは事象叙述を表す種々の構文に関する規則・制約であるのに対し，それらの規則・制約から逸脱しているのに適格と見なされる文は，属性叙述を表すということである。言い換えると，人間言語の文法体系では，事象叙述と属性叙述の2種類が基本的な言語機能として区別され，それら

は，それぞれ異なる規則・制約によって組み立てられている。したがって，事象叙述文に依拠して構築された規則・制約が，属性叙述文に適用しないとしても，それは従来考えられてきたような個別事象の例外ではなく，文法の一般的な性質と見なすことができる。Kageyama(2006)，影山(2009)では更に，事象叙述文が属性叙述文に変わるとき，他動性(transitivity)が低下することを指摘している。他動性の低下というのは，典型的には，結合価(valency)の減少で，他動詞が自動詞(あるいは受動文)に，自動詞が非人称文になることを指すが，それだけでなく，見かけは他動詞文で目的語を取っていても，その目的語が指示性を失って総称的な名詞句になるといった現象も含む。

　たとえば，(4a)，(4b)はどちらも実際の出来事を表す事象叙述文であるから，いずれの例においても，「ネコ」と「ネズミ」は特定の指示物を指し，(4a)と(4b)は概念的意味において同義的と見なせる。

　(4) a. 私が見たときは，ネコがネズミを追いかけていた。
　　　b. 私が見たときは，ネズミがネコに追いかけられていた。　＝(4a)

ところが，(5a)では，「ネコ」は総称名詞句で，文全体が「ネコ」の性質を表す属性叙述文となっているため，(5a)の目的語「ネズミ」は指示的な名詞句ではあり得ない。

　(5) a. ネコ(というの)はネズミを追いかける(ものだ)。
　　　b. ネズミ(というの)はネコに追いかけられる(ものだ)。　≠(5a)

その結果，意味を変えずに(5a)を受身化して(5b)とすることはできない。(5b)は「ネズミ」の一般的性質を表す文で，(5a)とは異なる解釈になる。言い換えると，(5a)は他動詞文ではあるものの，目的語(ネズミ)が指示性を失っているという点で，文全体の他動性は事象叙述の「ネコがネズミを追いかけた」という文より低いということになる。

　以上述べた事象叙述文と属性叙述文の意味的・統語的相違を具体的に表

す例として，本稿では日本語と中国語の付加詞主語構文(adjunct subject constructions)を取り上げる。付加詞は述語の項(argument)でない名詞句——道具，場所，様態，時間など——を指すが，ここでは主として，道具あるいは場所を表す名詞句が主語として現れる構文を扱う。項の具現化(argument realization)に関する普遍的な法則(Baker 1988, Levin & Rappaport Hovav 2005, Donohue & Wichmann 2008 などを参照)によると，主語になることができる名詞句は典型的に動作主(agent)や対象物(theme)といった意味役割を担う名詞句である。とりわけ，日本語と中国語では道具や手段を表す付加詞が主語になることはない，と一般には想定されている。本稿では，この一般法則に反して，付加詞が主語になる構文が日本語と中国語に存在し，それらは属性叙述を表すという意味機能を共有することを具体例で示す。

2. 日本語の付加詞主語構文

英語の What makes you think so? が自然であるのに対して日本語の「*何があなたにそう思わせるの？」が不自然であることから，「無生物主語構文」は英語では成り立つが，日本語では許されないと言われることが多い。しかしながら，この構文は非常に複雑であり(熊 2009 も参考)，単に主語が無生物名詞かどうかだけではなく，動詞の意味構造，主語名詞の意味役割，そして文全体の叙述機能を総合的に考察しなければ正しい一般化は導き出せない。本節では，無生物主語を取る構文の適格性を事象叙述文と属性叙述文に分けて検討し，特に道具を表す名詞句を主語に取る他動詞文が事象叙述では基本的に不成立であるのに対して，属性叙述では成立することを述べる。

2.1. 事象叙述文における無生物主語

自動詞構文から見てみよう。まず，(6)のように自然発生的な出来事や状態を表す非対格動詞が無生物名詞を主語に取っても何ら問題はない。

(6) a. 夜空に無数の星が輝いている。
　　b. 政府の方針は二転三転した。

c. 水洗いしたセーターが縮んだ。

他方，通常は意志を持つ有生名詞を要求する非能格自動詞に無生物主語を付けるのは不自然である。

(7) a. !夜空で無数の星が遊んでいる。
　　b. !政府の方針がニッコリと微笑んだ。
　　c. !洗濯機の中でセーターが踊った。

(7)のような文は，主語は有意志の名詞でなければならないという動詞の選択制限（意味的条件）に違反しているから意味的に不適格であり，強いて解釈すれば，主語が擬人化されているという解釈になる。
　以上のように自動詞については無生物主語の適否が理論的にきれいに説明できる。では，無生物主語が問題になるのは他動詞の場合であるのかと言うと，必ずしもそうではない。(8)–(10)の各例で，aの他動詞文は日本語として自然である。

(8) a. そよ風が彼女の頬をなでた。
　　b. ?そよ風が洗濯物を乾かした。
(9) a. 弾丸が壁を貫通した。
　　b.?*弾丸が犯人を殺した。
(10) a. 彼の提案は実は複雑な問題をはらんでいる。
　　 b.?*彼の提案は複雑な問題を解決した。

ところが，同じ(8)–(10)でも，bの他動詞文は，a文と比べると不自然さが増す。a文とb文で主語は同一の名詞句であるから，許容度の違いは動詞（あるいは，動詞と目的語の組み合わせ）の意味的な性質に求められる。(8a)の「なでる」は接触を表す動詞であるのに対して，(8b)の「乾かす」は状態変化を含意する使役動詞である。(9)では，(9a)の「貫通する」が移動（位置の変化）

を表すのに対して，(9b)の「殺す」は状態変化使役動詞である。(10a)の「はらんでいる」は状態を表すが，(10b)の「解決する」は使役動詞である。
　このような違いは，動詞の意味構造(語彙概念構造)の式型によって一般化することができそうである。

(11)　4種類の他動詞(cf. 影山 1996, 2000)
　　　　[x ACT ON-y] CAUSE [BECOME [y BE AT-z]]
　　　　　　⏟　　　　　　　　　　　　　　⏟
　　　　　(I)接触・打撃型　　　　　　(II)状態型
　　　　　　　　　　　　　　　⏟
　　　　　　　　　　　　　(III)変化型
　　　　　　⏟
　　　　　　　(IV)使役型

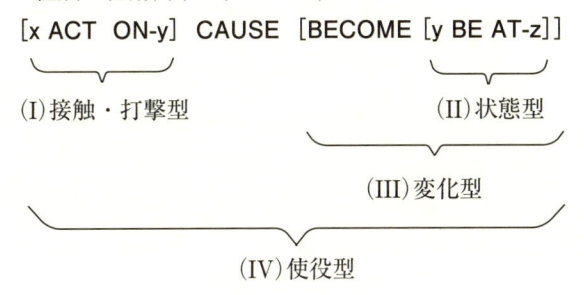

このうち，(I)，(II)，(III)型の他動詞が無生物名詞を主語に取ることは特に支障をきたさない。

(12)　接触・打撃型の他動詞
　　　a.　増税が人々の暮らしを直撃した。
　　　b.　そよ風が優しく私達を包んでくれた。
　　　c.　真夏の太陽がプールを照らした。
(13)　状態型の他動詞
　　　a.　大阪の商人が「考えときまっさ」というのは「断り」を意味する。
　　　b.　代金は送料を含む。
(14)　変化型の他動詞
　　　a.　コンピュータがミスを生じた。　cf. コンピュータにミスが生じた。
　　　b.　木々が芽をふいた。　　　　　　cf. 木々に芽がふいた。
　　　c.　火山が大量の溶岩を噴出した。　cf. 火口から大量の溶岩が噴出した。

以上から消去法によって，問題が起こりやすいのは使役型(IV)の他動詞であると言えるが，しかしあらゆる使役他動詞が無生物主語と馴染まないわけではない。まず，心理状態の使役変化を表す他動詞が無生物名詞を主語に取ることはよく見られる。

(15)　心理動詞
　　a.　恋人の軽率な一言が彼女を大いに<u>苦しめた</u>。
　　b.　今度の事件が，私に昔の苦い出来事を<u>思い出させた</u>。
　　c.　昨晩の料理は，私の胃袋を十二分に<u>満足させた</u>(満足させてくれた)。

(15)のような他動詞文は多少，文学的な響きを伴うことがあるものの，基本的には日本語として適格である。心理表現以外の領域でも，使役他動詞が無生物主語を取ることは，多少不自然であるものの全く排除されるわけではない。とりわけ，火事や台風など自然力を表す名詞が主語に来た場合，動詞の部分に若干の調整を加えることでほとんど問題のない文になる。

(16)　心理動詞以外の使役他動詞
　　a.　台風が屋根を{? 飛ばした/ok <u>吹き飛</u>ばした}。
　　b.　突風が屋根を{?? 剥がした/ok <u>引き剥</u>がした}。
　　c.　台風が境内の大木をすべて{? 倒した/ok <u>なぎ倒</u>した}。
　　d.　ちょっとした不注意が火事を{?? 起こした/ok <u>引き起</u>こした}。

　(16)の各文では斜線の左側に単純動詞，右側に複合動詞が来ている。微妙な判断ではあるが，左側が多少不自然であるのと比べ，右側のように複合動詞を用いると落ち着きがよくなる。斜線の右側に現れる複合動詞の左側要素(「吹く，引く，なぐ」)は，上掲(11)の語彙概念構造で言うと(I)接触・打撃型にあたり，この部分を加えることによって，原因から結果への使役連鎖(causal chain)のつながりが形態的に明示される。

(17)　［台風 ACT ON-屋根］　CAUSE　［BECOME［屋根 BE AT-z］］
　　　　　　吹き　　　　　　　　　　　飛ばす

このように，無生物主語が「原因」——動作主（agent）と同じように，項構造では「外項」に当たる——を表す場合，働きかけ（接触・打撃）事象と結果事象の意味的なつながりを形態的に明示する複合動詞を使うことによって，無生物主語の使役他動詞構文が成立しやすくなる。

2.2. 属性叙述文における無生物主語

前節では使役変化を表す事象叙述文において無生物主語が普通は成立しにくいことを見た。本節では，この制約に反して，属性叙述文では無生物主語が成り立つことを検証する。

2.2.1. 履歴による属性

まず，(18)のような例を見てみよう。

(18) a.　夫婦別姓が日本人の家族の絆を｛?*壊した / 壊しかねない｝。
　　 b.　その医師の判断ミスが患者を｛?*殺した / 結果的に殺すことになった｝。
　　 c.　首相の優柔不断が国内を｛*二分した / 二分することになった｝。

(18)の各文において，斜線の左側のように単純過去形の動詞で出来事の発生を断定的に叙述すると，ヲ格目的語を付けることが難しい。他方，斜線の右側では「～ことになった」，「～かねない」といった出来事の断定を弱める表現を付けることによって，ヲ格目的語がほとんど問題なく成立している。(18a)の「壊した」対「壊しかねない」の対比は，先に述べた原因事象と結果事象の関連性を明示する複合動詞とは性質を異にし，むしろ現実性（realis）/ 非現実性（irrealis）というムードの違いによって説明できると思われるかも知れない。しかし，その考え方は(18b, c)には通用しない。なぜなら，(18b, c)で用いら

れている「〜ことになった」は,非現実ではなく,単純過去形と同様に現実の出来事を表すからである。したがって,事象叙述文の判別基準として,単純に,実際に起こった出来事を描写するかどうかという意味解釈だけに頼ると,(18b, c)が説明できない。

(18a)に戻ると,「日本人の家族の絆を壊しかねない」という可能表現は,主語「夫婦別姓」が家族関係を破壊するほどの強力な影響力を持っているということを表している。これは,「夫婦別姓」という概念が有する特性の1つと捉えることができる。このような見方に立つと,(18b, c)の「殺すことになった/二分することになった」も,主語がそれほどの強力な性質を備えているという意味に解釈することができるだろう。つまり,(18)の各例文は概略,(19)のように言い換えることが可能である。(19)では,ヲ格目的語が単純現在形の「壊す,至らしめる,二分する」と共に生起していることに注意したい。

(19) a. 夫婦別姓は,日本人の家族の絆を壊すほどの力を持っている。
　　　b. その医師の判断ミスは,患者を死に至らしめる重大なものだった。
　　　c. 首相の優柔不断は,国内を二分するまでの影響力があった。

このような解釈は,動詞を「壊した/殺した/二分した」という単純過去形にした場合には得られない。そこで,上掲(18)の各文の右側の表現は,統語構造上は事象叙述のように見えるものの,意味解釈においては(19)のような属性叙述として解釈され,その属性叙述の解釈の場合にのみヲ格目的語が成立する,と捉えることができる。そうすると,純然たる事象叙述文においては不適格であった原因主語構文が,解釈上,属性叙述を表す文では適格なものとして認められるということになる。

通常の断定文では無生物主語他動詞構文が容認されにくい場合でも,補助動詞「くれる」を補うと,かなり改善されることがある。

(20) a. このバットが,決勝戦で特大ホームランをかっとばしてくれた(んだ)。

b.　(地震のとき)このテーブルが私の命を救ってくれた(んだ)。
　　c.　あの事件は，私に命の大切さを教えてくれた(んだ)。

ここでは「くれる」が，その出来事が話者にとって有益だったことを述べることによって，各文の主語が持つ，話者にとっての価値観を表現していると解釈できる。(19)が主語の一般的な価値を表すのに対して，(20)は，話者にとっての個人的な価値の表明と言えるだろう。しかし(20)のような例でも，次のようにすると，一般的な価値へと高められる。

(21) a.　このバットは，あの天覧試合で特大ホームランをかっとばした，マニア垂涎のお宝です。
　　b.　このテーブルは，あの大地震で陛下の命を救った価値のある品物です。

　これらは，過去に起こった一度あるいは複数回の出来事をベースにして，主語名詞に価値付けを行うという「履歴による属性」の例と見なすことができる。

2.2.2.　本来的な属性

　次に，主語名詞が本来的に備えていると考えられる属性について考察する。これが明確に現れるのは，道具や器具を表す名詞が主語になった場合である。
　道具名詞を分析する際に手がかりとなるのは，Rappaport Hovav & Levin (1992)が提案した媒介器具(intermediary instruments)と助長器具(facilitating instruments)の区別である。媒介器具とは(22a)の例文の主語(下線部)のように，それ自体が人間に代わって動作をしてくれる器具・道具のことである。他方，助長器具とは，(22b)の主語(下線部)のように，人間の行為を助けるだけで，実際に行為を行うのはやはり人間自身であるという場合を指す。

(22) a. 媒介器具

　　　This gadget opens the can.　　→　　gadget = can opener

　　　The crane loaded the truck.　　→　　crane = loader

　　b. 助長器具

　　　*The fork ate the meat.　　　　→　　fork ≠ eater

　　　*The pitchfork loaded the truck. →　　pitchfork ≠ loader

英語において，この区別は主語になれるかなれないかという統語的な違いと呼応している。すなわち，媒介器具を表す道具名詞は英語で他動詞の主語になることができ，他方，助長器具を表す道具名詞は，主語になることができない。これに対して日本語では，両タイプの名詞とも，他動詞文の主語になることはできないようである。

英語と日本語の手段・道具主語

事象叙述の他動詞文において	英語	日本語
媒介器具が主語になる場合	○	×
助長器具が主語になる場合	×	×

(23)　助長器具を主語とする他動詞文

　　a. *The eyeglasses read the small letters.

　　　*眼鏡が小さな字を読んだ。

　　b. *The fork ate the spaghetti.

　　　*フォークがスパゲティを食べた。

　　c. *A straw drank juice.　　　　　　　　(Schlesinger 1995: 92)

　　　*ストローがジュースを飲んだ。

(23)に示されるように，助長器具を主語に取る他動詞文は英語でも日本語でも許されない。その理由は自明だろう。「読む，食べる，飲む」という動詞は人間等の生物を主語に要求するという選択制限を持っている。無生物名詞が主語

になった(23)の文は，その選択制限に違反するため，当然のことながら不適格となる。

これに対して，媒介器具を主語に取る他動詞文は，基本的に，英語では成り立つが，日本語では成り立たない。

(24) 媒介器具を主語とする他動詞文
    a. The key opened the door.
       *その鍵がドアを開けた。
    b. This knife cut the meat.
       *この包丁が肉を切った。
    c. The shovel dug a big hole.
       *スコップが大きな穴を掘った。

ただし，「クレーン，タンカー，エレベーター，マッサージ機」のように，人間が操縦する反面，それ自体にかなり自律性のある機械類は，器具というより動作主と見なされ，日本語においても使役他動詞文の主語になることが可能である。

(25) [agent-like machine]
    a. The crane loaded the truck.
       クレーンがトラックに荷物を積み込んだ。
    b. The massager eased away my aches and pains.
       マッサージ機が身体の凝りをほぐしてくれた。

以上，前置きが長くなったが，日本語で「無生物主語使役他動詞文」が成り立つ場合と成り立たない場合を，動詞の意味構造と名詞の意味役割の両面から整理した。その結果，英語と比べて，無生物主語使役他動詞文が日本語で成り立たないのは，媒介器具を表す名詞が他動詞の主語になる場合であると一般化できる。

(26) 無生物使役他動詞文の一般的制約
日本語では媒介器具を表す名詞を使役他動詞の主語に置くことができない。

この条件は，第3節で見るように中国語とも共通する。
　さて，(26)の条件を日本語の一般的制約とすると，問題になるのは，この制約に違反しているにもかかわらず適格文として成立する場合である。主語になる名詞句が総称名詞句の場合と指示的名詞句の場合に分けて検討していこう。
　まず，総称名詞句が主語になる例は(27)のようなものである。

(27) a.　シュレッダー(というの)は，紙を裁断する(ものだ)。
　　 b.　消臭剤(というの)は，臭いを消す(ものだ)。
　　 c.　消火器(というの)は，火を消す(ものだ)。
　　 d.　アイロン(というの)は，衣服のしわをのばす(ものだ)。

これらの例は，主語(主題)として現れる名詞の「定義」を示すもので，主語(主題)に「というの」を，あるいは文末に「ものだ」を付加することができる。これらの付加要素は，指示的名詞句を伴う事象叙述文には付かない。たとえば，「さっき私のパソコンが壊れた」に対して，「*さっき私のパソコンというのが壊れた」とは言えない。人間を表す固有名詞の場合でも，一時的な状態を表す事象叙述文「山田先生は今日病気だ」を「*山田先生というのは今日病気だ」と言い換えることはできない。しかし「山田先生というのは，太っ腹なひとだ」や「山田先生というのは，いつも酒ばかり飲んでいる(酒飲みだ)」のように，主題(山田先生)の恒常的な属性を述べる述語に置き替えると良くなる。これは，「というの」という引用形式が，指示対象への直接的な言及を避けることによって，主題名詞(「山田先生」)が持つ場面的(stage-level)な性質——つまり，山田先生という人物が時間の経過と共に刻一刻とその様子を変えていくという，名詞の時間的推移性——を捨象するためではないかと考えられる。名詞の性質が時間的に変化しなくなるということは，逆に言うと，名詞の

性質が恒常的に固定されるということであり，時間的な変動がないという点において，「太っ腹だ」や「酒飲みだ」といった属性を表す述語と親和するようになるのである．

さて，総称的な道具主語名詞句に話を戻すと，さきほどの(27)が適格であったのに比べ，述語を(28)のように取り替えると，意味的に整合しなくなる．（例文の前に付けた「!」記号は，意味的な不適格性(semanticality: Pustejovsky 1995)を表す．）

(28) a. !シュレッダー（というの）は，乗客を運ぶ（ものだ）．
　　 b. !消臭剤（というの）は，時間をはかる（ものだ）．
　　 c. !消火器（というの）は，衣類のしわをのばす（ものだ）．
　　 d. !アイロン（というの）は，紙を切る（ものだ）．

(28)の文は主語（主題）となる名詞の現実的な定義になっていない．
では，次のような例はどうだろうか．

(29) a. !シュレッダー（というの）は，刃を回転させるものだ．
　　 b. !消臭剤（というの）は，霧状の液を出すものだ．
　　 c. !消火器（というの）は，薬剤を放出するものだ．
　　 d. !アイロン（というの）は，衣類に熱を加えるものだ．

(28)が見当違いの意味内容であるのと比べると，(29)はかなりまともな内容を伝えているが，完全とは言えない．なぜなら，たとえばシュレッダーの一義的機能は紙を裁断するということであり，刃が回転するというのは，紙の裁断をしやすくするための手法にすぎないからである．

こういった情報は，形式的な意味論では実世界における語用論の問題とされ，言語の意味から排除される．しかしながら，語彙意味論の研究においては，このような語用論的とされる情報も，文の文法的・意味的適格性を左右することから，語彙の意味記述に盛り込むことが提唱されている．具体的には，

Pustejovsky (1995) のクオリア構造を用いると，(27) が問題なく成立するのに対して，(28)，(29) が意味的に逸脱していることを，一般性のある理論として説明することができる。クオリア構造は形式役割，構成役割，目的役割，主体役割という4つの部分で構成され (影山 2005，小野 2005)，たとえば (アナログの)「時計」という名詞の意味は概略，次のように表示される。

(30) 「時計」のクオリア構造
  a. 形式役割 = 人工物(x)
  b. 構成役割 = 文字盤(y)，長針(z)，短針(w)
  c. 目的役割 = x が時間を示す。
  d. 主体役割 = 人間が y, z, w を組み立てて x を作る。

4つの役割のうち，道具名詞の意味的定義に必要となるのは，目的役割の部分である。「時計」を例にとると，時間を示すというのが時計の第一義的な目的であるが，その目的を達するための方法として，歯車が回転するといった機械的な動作がある。後者は主目的を達成するための二次的な手段であるから，その部分を「時計」の定義に持ち込んで，「!時計というのは，歯車を回転させるものだ」ということはできない。

このように道具類には，その使用者が最終的に達成することを意図した主目的と，それに至るまでの二次的な手段とがある。総称名詞句を主題とする属性叙述文で，述語の部分に利用できるのは，主目的の部分だけに限られる。そのため，主目的を描写する(27)は適格であるが，目的を達成するための手段を描写した(29)は不適格と判断される。言うまでもなく，クオリア構造で定義されない場違いな動作を記述した(28)は論外となる。以上をまとめると，主語が総称名詞句の場合，述語は，その名詞の外延(denotation)が有する語彙的な概念を定義するという役割を担う。

次に，叙述の対象となる主語(主題)名詞句が指示的である場合に話を移そう。主語(主題)が総称名詞句の場合，述語はその名詞が持つ本来的な使用目的や機能を「定義」するのに対して，主語(主題)が指示的名詞句の場合は，その

辞書的定義を前提にした上で，その名詞句の対象物が有する特徴的な性質を更に細かく叙述することが必要となる。例を見てみよう。

(31) a. ?消臭スプレーが部屋の臭いを消した。(熊 2009: 113)［事象］
　　 b. !この消臭スプレーは臭いを消す。［属性］
　　 c. この消臭スプレーは，たちどころに部屋の臭いを消します。［属性］
　　　 この消臭スプレーは，たちどころに部屋の臭いを消すことができる。［属性］
(32) a. *昨日買った電気ポットが，たった2分で湯を沸かした。［事象］
　　 b. !この電気ポットは湯を沸かす。［属性］
　　 c. この電気ポットは，たった2分で湯を沸かす(ことができる)。
　　　　　　　　　　　　　　　　　　　　　　　　　　　　　　［属性］
　　　 これは，たった2分で湯を沸かす電気ポットです。［属性］
(33) a. *このシュレッダーは紙を0.5ミリの幅に切った。［事象］
　　 b. !このシュレッダーは紙を切る。［属性］
　　 c. このシュレッダーは紙を0.5ミリの幅に切る(ことができる)。
　　　　　　　　　　　　　　　　　　　　　　　　　　　　　　［属性］
　　　 これは，紙を0.5ミリの幅に切る(ことができる)シュレッダーです。［属性］
　　　 このシュレッダーは，薄い紙は切れるがCDは切れない。［属性］

(31)-(33)において，過去形で具体的事象を表すa文が不適格であることは当然であるが，現在形のb文も意味的に不適格である。同じb文でも，指示詞「この」を取り除いて総称主語にすると，先に述べた名詞概念(外延)の定義として成立するが，「この」を伴う指示名詞句の場合は，単なる名詞概念の定義では不十分であり，b文は意味的に冗長(当たり前のこと)となる。指示的主語の叙述において情報伝達上で重要なのは，その名詞句の指示対象(referent)が現実ないし架空世界においてどのような特徴があるのかということであるから，当該の特定の器具が同種の他の類似品と比べてどのような特徴を備えてい

るのかを述べた c 文が意味的に適格であるということになる。

　c 文の述語は，それぞれの主語に含まれる名詞概念が持つ目的役割——たとえば「シュレッダー」なら紙を切るという機能——を具体的に展開したもので，その場合，動詞は単純形でも可能形でもよい。この可能形は，あくまで主語名詞句の可能性を叙述したものであり，その器具を使う人間(動作主)の能力や可能性を表すわけではない。そのことは，関西方言の「ヨー」という可能副詞の現れ方から窺える。日本語学の研究(渋谷 1993, 申 2003 など)では，可能形の用法として「能力可能」と「状況可能」の区別が広く認められているが，この区別は統語的ではなく意味的ないし語用論的なものであり，どちらの場合も，動作主の可能性を描写する。関西方言の「ヨー」は，能力可能・状況可能の区別に関わりなく成立する。

(34)　能力可能
　　a. ボク，こんな難しい漢字　ヨー　読まれへん。
　　b. ボク，10,000 メートルなんて　ヨー　泳がれへん。
　　c. あいつ，帰国生徒やけど　ヨー　英語　しゃべれへん。
(35)　状況可能
　　a. 監視が厳しいから　囚人は　ヨー　逃げられへんかった。
　　b. 今日は　神経痛が痛とーて　ヨー　立たれへん。

ところが，この「ヨー」は属性可能に使うことはできない。

(36)　属性可能
　　a. この川は，汚いから(*ヨー)泳がれへん。
　　b. この家は，ガタガタで(*ヨー)住まれへん。
　　c. このペン，(*ヨー)書けへん / 書かれへん。
　　d. 縮んで(*ヨー)着られへんセーター

(36)の例で，強いて「ヨー」を使うなら，その解釈は属性可能ではなく，表面

上は省略された動作主の能力を表すことになってしまう。

「ヨー」を問題の道具主語構文に当てはめると，どうなるだろうか。「ヨー」は明示的あるいは潜在的な動作主の能力を描写するから，道具主語の属性を表す構文には適合しないと予測できる。実際，次のような文に「ヨー」を入れることはできない。

(37) a. このシュレッダーは壊れとるから，(*ヨー)紙，切られへん。
    b. このスコップは壊れとるから，小さな穴も(*ヨー)掘られへん。

なお，指示的名詞句であっても，その基礎となる名詞の語彙概念の性質から逸脱することはできないから，次のb文は特殊な場面でない限り，不適格と判断される。

(38) a. この消臭スプレーは，たちどころに部屋の臭いを消します。
    b. !この消臭スプレーは，たちどころに強盗を追い払います。
       !たちどころに強盗を追い払う消臭スプレー
(39) a. この電気ポットは，たった2分で湯を沸かします。
    b. !この電気ポットは，下着をきれいに洗います。
       !下着をきれいに洗う電気ポット

(38b)，(39b)のような機能を持った消臭スプレー／電気ポットが発売されることは期待されない。

以上，日本語における道具主語構文の属性叙述機能を明らかにした。付加詞には，道具・器具だけでなく場所など様々な副詞要素があり，たとえば英語では次のような構文が可能である。

(40) a. Thirty-five thousand dollars won't build that kind of a house these days.　　　　　　　(Perlmutter and Postal 1984: 92)
    b. This cabin sleeps twenty people. (Perlmutter and Postal 1984: 92)

c. This lake fishes well in the winter.（この湖は冬場によく釣れる。）

(40a)は代金，(40b)と(40c)は場所の性質を述べている。これらも主語の属性を表すから，過去形を用いた事象叙述文にすることはできない(影山2009)。

(41) a. *Thirty-five thousand dollars built a new house in three months.
b. *This cabin slept my family last night.
c. *This lake fished a lot yesterday.

ところが日本語では，これらの付加詞は(40)に対応する属性叙述文の形式によっても主語になることができない。

(42) a. *3500ドルはこんな家を建てない。
b. *その小屋は20人を寝かせる。(「収容する」ならよい。)
c. *この湖は冬場によく釣る。

総称名詞句の場合も同様に，(43)のような文は成り立たない。

(43) a. *教室(というの)は授業をする(ものだ)。
b. *食堂(というの)はご飯を食べる(ものだ)。

ところで，(43)は，文末の「ものだ」を「ところ(場所)だ」に替えると容認できる文になる。しかしながら，その場合は「授業をする／ご飯を食べる」という述語に対する主語は「教室，食堂」ではなく(「教室が授業をする」という解釈ではない)，表面に現れていない動作主(「教室は，(教師が)授業をするところだ」)になってしまう。

このように，英語では代金や場所を表す名詞も属性叙述文の主語になることができるのに対して，日本語では付加詞のうち道具・器具を表す名詞だけが属性叙述文になる。その際，主語が総称名詞句のとき，述部は主語名詞の意味概

念の定義を述べるものでなければならず，また，主語が定名詞句の場合は述部は主語名詞句の指示対象(referent)の特徴を的確に表現するものでなければならない。

では，中国語はどうだろうか。次節では，中国語では道具名詞のほか，場所名詞も属性叙述文に適合することを述べる。

3. 中国語の付加詞主語構文

日本語と同じように，中国語でも付加詞は事象叙述文の主語として現れることができない。(44)の例文は不適格と判断される。

(44) a. *这把　菜刀　切了　一块　牛肉。［道具主語］
　　　　this-CL knife cut-PF one-CL beef
　　　　'この包丁は一塊の牛肉を切った。'
　　b. *这个　房间　学了　外语　　　了。［場所主語］
　　　　this-CL room learn-PF foreign language SFP
　　　　'この部屋は外国語を学んだ。'

一般に，動作動詞(上例では「切」，「学」)の外項(すなわち，動作主)は主語の位置に対応しなければならないという規則(Baker(1988)のリンキングルール)がある。(44a, b)はこれに違反するため非文法的となる。しかしながら，(44)と同じ道具主語，場所主語であっても，(45)のように手を加えると完全に適格な文が得られる。

(45) a. 这把　菜刀　切　牛肉，那把　菜刀　切　猪肉。
　　　　this-CL knife cut beef that-CL knife cut pork
　　　　'この包丁は牛肉を切る(もので)，あの包丁は豚肉を切る(ものだ)。'
　　b. 这个　房间　吃　饭，那个　房间　弹　钢琴。
　　　　this-CL room eat meal that-CL room play piano
　　　　'この部屋はご飯を食べる(ところで)，あの部屋はピアノを弾く(と

ころだ).'

(45a, b)は，それぞれ前半の命題と後半の命題を対比する構文になっている。このような対比構文においては，道具((45a)の「这把菜刀」)と場所((45b)の「这个房间」)が意味的には付加詞であるにもかかわらず，統語的に主語の位置に生起している[1]。付加詞である道具名詞句と場所名詞句が一方(44)ではリンキングルールを守って主語の位置に生起せず，他方(45)ではリンキングルールを破って主語の位置に生起するという一見，矛盾する事実が観察されるわけである。

熊(2009)は日本語で成立しないような無生物主語他動詞構文が中国語では許されるとして，次のような例を多数観察している。これらは，現実に起こった出来事を表す事象叙述文である。

(46) a. 窗帘　　遮　　＊(-住)了　阳光。　　　　　　cf. 熊(2009: 163)
　　　　curtain　cut　　out -PF　sunlight
　　　'カーテンは太陽の光を遮った.'
　　b. ＊这双　　筷子　　　吃进了　　一块　　牛肉。
　　　　this-CL　chopsticks　eat-in-PF　one-CL　beef
　　　'この箸は一塊の牛肉を食べこんだ.'

しかし，無生物主語他動詞構文の成立には2つの条件が必要である。1つは，当該動詞が結果補語複合動詞であること，もう1つは，主語名詞句は英語と同様，媒介器具を表す道具名詞でなければならず，助長器具を表す道具名詞は排

---

[1] 中国語の付加詞主語構文は，(45a)と(45b)のように，付加詞主語が対比するような複文であれば文法的である。なぜ付加詞主語構文では対比構文が好まれるのか。おそらく，属性叙述の意味的特徴が「主題＋解説」(益岡2008，影山2009)の関係を持つというところに理由が求められるであろう。中国語には主題マーカーがないため，属性叙述の主題を取り立てる場合，対比文によって表示されると推測できる。この問題は今後の課題にする。

除されるということである。(46a)では，もし動作動詞の「遮(抑える)」だけで，結果補語の「-住」を付けなければ非文法的になる。かといって，(46b)のように結果補語「-进(入る)」が接続しても，主語名詞が助長器具を表す名詞句であって，媒介器具でなければやはり不適格になる。

　Huang(2006)，沈・林(2009)で示されているように，中国語の結果補語複合動詞には CAUSE という述語が含まれると仮定される。この仮説に基づくと，媒介器具は結果構文において，もはや付加詞ではなく，原因項(causer)として項の資格を有すると解釈できる。このような媒介器具を主語とする他動詞構文は事象叙述文であり，本節で取り上げた属性叙述の付加詞主語構文とは本質的に異なる現象である。

　以下では，道具ないし場所を主語とする構文であっても，主語名詞句の属性として，その名詞の目的役割に記載された「機能・役割」を描写する構文なら文法的な文として容認されることを明らかにする。

3.1. アスペクト標識の可能性

　アスペクトは，事象が時間の流れにそって変化するそれぞれの局面を表す。太郎が歩くという事象においては，時間の流れにそって「未然→進行→完了」のような局面が考えられる。中国語の動作動詞の場合，未然は「要(yao)」，進行は「在(zai)」，完了は「了(-le)」でそれぞれ表示される。他方，属性叙述文は，時間の流れを超越した性質を表す。このことから，アスペクト標識は事象叙述文には生起するが，属性叙述文には生起しないという予測が立てられる。

　まず，アスペクト標識を伴わない例文を見る。通常，他動詞文の主語は典型的に「動作主」であるから，動作主を主語に取る文と，付加詞を主語に取る文を比較してみよう。

(47) a.　美国人　　吃　面包，日本人　　吃　米饭．
　　　　 American　eat　bread　Japanese　eat　rice
　　　　 事象読み：アメリカ人はパンを食べ，日本人はご飯を食べる。

　　　　属性読み：アメリカ人はパンを食べる（もので），日本人はご飯を食
　　　　　　　　　べる（ものだ）。
　　b.　这把　　菜刀　切　牛肉,　那把　　菜刀　切　猪肉。
　　　　this-CF　knife　cut　beef　　that-CL　knife　cut　pork
　　　　事象読み：×
　　　　属性読み：この包丁は牛肉を切る（もので），あの包丁は豚肉を切る
　　　　　　　　　（ものだ）。
　　c.　这个　　房间　画　画儿,　那个　　房间　锻炼　身体。
　　　　this-CL　room　drew　picture　that-CL　room　train　body
　　　　事象読み：×
　　　　属性読み：この部屋は絵を描く（ところで），あの部屋は身体を鍛え
　　　　　　　　　る（ところだ）。

　(47a)は動作主（アメリカ人，日本人）を主語に取る文で，その動作主名詞句は定あるいは不定の指示的名詞句であるとも，総称名詞句であるとも取れ，前者の場合は特定の時間と場所で生起する事象としての解釈（事象読み），後者の場合はアメリカ人という国民，日本人という国民が持つ一般的な性質を表すという解釈（属性読み）が得られる。他方，道具主語構文（47b）と場所主語構文（47c）はこのような曖昧性を示さず，主語名詞句の属性を表すという属性読みしか成り立たない。
　では，このような文にアスペクト標識を付けるとどうなるだろうか。アスペクト標識は実際の時間の流れを反映するから，典型的な動作主主語構文にアスペクト標識を付けると，(47a)のような曖昧性は消滅し，(48)に例示するように事象読みしか得られなくなる。

(48)　動作主主語
　　a.　美国人　　要　　吃　　面包,　日本人　　要　　吃　米饭。
　　　　American　will　eat　bread　Japanese　will　eat　rice
　　　　事象読み：アメリカ人はパンを食べようとしていて，日本人はご飯

を食べようとしている。
   属性読み：×
b. 美国人　在　吃　面包，日本人　在　吃　米饭。
   American PROG eat bread Japanese PROG eat rice
   事象読み：アメリカ人はパンを食べていて，日本人はご飯を食べている。
   属性読み：×
c. 美国人　吃了　面包，日本人　吃了　米饭。
   American eat-PF bread Japanese eat-PF rice
   事象読み：アメリカ人はパンを食べ，日本人はご飯を食べた。
   属性読み：×

他方，属性叙述で表されるモノの性質は時間の流れや時間的局面を超越しているから，アスペクト標識とは相容れないことが予想される。実際，(49)，(50)のような付加詞主語構文では未然（「要」），進行（「在」），完了（「了」）のアスペクト標識が拒否される。

(49) 道具主語
a. *这把　菜刀　要　切　牛肉，那把　菜刀　要　切　猪肉。
   this-CL knife will cut beef that-CL knife will cut pork
   'この包丁は牛肉を切るだろうし，あの包丁は豚肉を切るだろう。'
b. *这把　菜刀　在　切　牛肉，那把　菜刀　在　切　猪肉。
   this-CL knife PROG cut beef that-CL knife PROG cut pork
   'この包丁は牛肉を切っているし，あの包丁は豚肉を切っている。'
c. *这把　菜刀　切了　牛肉，那把　菜刀　切了　猪肉[2]。
   this-CL knife cut-PF beef that-CL knife cut-PF pork

---

[2] 「这把菜刀切了猪肉，所以不能用了。（この包丁は豚肉を切ったことがあるので，もう使えない。）」は，「経験」読みがあれば，文法的である。経験による属性叙述のメカニズムについては今後の課題にする。

　　　　　'この包丁は牛肉を切ったし，あの包丁は豚肉を切った．'
(50)　場所主語
　　a. *这个　　房间　要　　画　　画儿，那个　　房间　　要　　锻炼　身体。
　　　　this-CL　room　will　draw　picture　that-CL　room　will　train　body
　　　　'この部屋は絵を描くだろうし，あの部屋は身体を鍛えるだろう．'
　　b. *这个　房间　在　　　画　　画儿，那个　　房间　在　　　锻炼　身体。
　　　　this-CL　room　PROG　draw　picture　that-CL　room　PROG　train　body
　　　　'この部屋は絵を描いているし，あの部屋は身体を鍛えている．'
　　c. *这个　　房间　画了　　画儿，那个　　房间　锻炼了　身体。
　　　　this-CL　room　draw-PF　picture　that-CL　room　train-PF　body
　　　　'この部屋は絵を描いたし，あの部屋は身体を鍛えた．'

(49)，(50)の中国語を解釈しようとすると，それぞれの日本語訳に示されるような，実際の出来事の発生・進行・予測を表す意味になってしまい，これは認められない。言い換えると，道具および場所を主語に取る他動詞構文は実際の事象ではなく，その主語の属性を表す構文であるということになる。

　ここで重要なことは，あらゆるアスペクト標識が付加詞主語構文から排除されるわけではなく，「过」は付加詞主語構文に生起できるということである。「过」は経験相を表し，過去に起こった出来事の結果や影響が現在も及ぶことを述べる相である。

(51) a.　这　把　菜刀　切过　　猪肉。
　　　　this-CL　knife　cut-EX.　pork
　　　　'この包丁は豚肉を切ったことがある．'
　　b.　这个　房间　曾经　　　召开过　　重要　　会议。
　　　　this-CL　room　previously　hold-EX.　important　meeting
　　　　'この部屋はかつて重要な会議を開いたことがある．'

(51a)はこの包丁が「汚れている」という属性を，(51b)はこの部屋が「貴重・重要な場所である」という属性を持つことを表現している。これらは，「过」という経験相によって，過去に行われた出来事の経歴が主語名詞句の現在の属性として捉えられることを表す構文である。これは，(52)のような英語の異常受身(peculiar passive)が典型的には「経験」を意味する現在完了形で用いられて，過去の履歴によって形成された現在の属性を表すことと類似している(Kageyama and Ura 2002)。

(52) a. This spoon has been eaten with.
　　　　'このスプーンは使用済みで汚れている。'
　　b. This hall has been signed peace treaties in.
　　　　　　　　　　　　　　　(Ziv and Sheintuck 1981)
　　　　'このホールはこれまで幾つも平和条約が締結された由緒ある場所だ。'

3.2. 目的語名詞句の量化可能性

行為連鎖において，動作を表す事象はそれ自体では明確な終結点を持っていない。しかし，実際の統語構造においては目的語名詞句を量化することによって動作事象の終結点を明確にすることができる。たとえば「本を読む」だけでは事象の終結点を持たないが，「一冊の本を読む」のように本の分量を限定することによって，「読む」という行為の終結点が示される。言い換えると，目的語の量化は非限界的動作事象を限界化する役割を持つと考えられる。この観察は完了標識「了(le1)」との共起関係によって裏付けられる。中国語の完了標識「了(le1)」は限界動詞に後続しやすく，非限界動詞には後続しにくいという特徴を持つ。

(53) a. ?张三　　 学了　　 汉语。　　　→動作事象
　　　　Zhangsan　learn-PF　Chinese
　　　　'張三は中国語を学んだ。'

b. 张三　　去了　　中国。　　　　→到達事象
　　Zhangsan　go-PF　China
　　'張三は中国に行った。'

目的語が量化されていない(53a)が「了」と共起しにくいのに対し，「一年間の中国語」のように量化を加えると，「了」が整合するようになる。

(54)　张三　　学了　　一年　　的　　汉语。
　　　Zhangsan　learn-PF　one year　DE　Chinese
　　　'張三は中国語を一年間学んだ。'

このように量化という操作は，現実ないし架空世界で個別化された物体の具体量を表すため，一般的に言うと，事象叙述文とは馴染むが，時間の流れを超越した一般的な性質を述べる属性叙述文とは馴染まないと予想できる。実際，目的語名詞句の量化は属性叙述文には適用されないことが分かる。

(55)　動作主主語
　　a.　美国人　吃　面包，日本人　吃　米饭。
　　　　American　eat　bread　Japanese　eat　rice
　　　事象読み：アメリカ人はパンを食べ，日本人はご飯を食べる。
　　　属性読み：アメリカ人はパンを食べる(もので)，日本人はご飯を食べる(ものだ)。
　　b.　美国人　吃　一片　面包，日本人　吃　一碗　米饭。
　　　　American　eat　one-CL　bread　Japanese　eat　one-CL　rice
　　　事象読み：アメリカ人は一切れのパンを食べ，日本人は一杯のご飯を食べる。
　　　属性読み：×

(56) 道具主語
    a. 这把 菜刀 切 牛肉, 那把 菜刀 切 猪肉。
       this-CL knife cut beef that-CL knife cut pork
      属性読み：この包丁は牛肉を切る（もので），その包丁は豚肉を切る（ものだ）。
    b. *这把 菜刀 切 一块 牛肉, 那把 菜刀 切 一块 猪肉。
       this-CL knife cut one-CL beef that-CL knife cut one-CL pork
      'この包丁は牛肉を一切れ切り，その包丁は豚肉を一切れ切る。'

(57) 場所主語
    a. 这个 房间 睡 觉, 那个 房间 吃 饭。
       this-CL room sleep sleep that-CL room eat food
      属性読み：この部屋は寝る（ところで），あの部屋は食事をとる（ところだ）。
    b. *这个 房间 睡 一觉, 那个 房间 吃 一碗 饭。
       this-CL room sleep one-CL that-CL room eat one-CL food
      'この部屋はひと眠りし，あの部屋はご飯を一杯食べる。'

3.3. ヴォイス転換の可能性

中国語の他動性事象は英語や日本語と同様，2つの視点で捉えることができる。1つは動作主項を取り立てる捉え方であり，もう1つは主題項（対象項）を取り立てる捉え方である。このような2つの捉え方と対応する文法関係をヴォイスと呼ぶことにする。

(58) a. 张三 看了 这封 信 了。
       Zhangsan read-PF this-CL letter SFP
      '張三はこの手紙を読んだ。'
    b. 这封 信 被 张三 看了。
       this-CL letter BEI Zhangsan read-PF
      'この手紙は張三に読まれた。'

(58a)は動作主項「张三」を取り立てることを表す構文であり，(58b)は主題項「这封信」を取り立てることを表す構文である。両構文は視点の違いがある一方，論理的真偽値判断は同じである。すなわち，(58a)が真であれば，(58b)も真である。逆も同様で，(58b)が真であれば，(58a)も真である。この事実は，両者の間に統語的な派生関係があることを意味する。通常，主題項を取り立てる受動文は「影響を被ること」を表す動詞「被」によって作られるという有標性があるのに対して，動作主項を取り立てる能動文は無標的であると考えられる。したがって，中国語の受動文は能動文から派生された構文であると言える。

(59) 受動化規則
　　　[S V O] → [O_i 被 [S V O_i]]

(59)の受動化規則には1つの制約がある。すなわち，能動文には事象性が含まれなければならないということである。

(60) a. 张三　　爱　小红。
　　　　 Zhangsan love Xiaohong
　　　　 '張三は紅ちゃんを愛している。'
　　 b. *小红　　被　张三　　爱(了)。
　　　　 Xiaohong BEI Zhangsan love-PF
　　　　 '紅ちゃんは張三に愛され(る／た)。'

(60a)は「张三」の「爱小红」という属性を表す構文であるので，事象性がない。したがって，(60b)の受動文は非文法的である。もちろん，感情動詞にも事象性が含まれるものもある。

(61) a. 张三　　爱上了　　　小红。
　　　　 Zhangsan love-Result-PF Xiaohong

'張三は紅ちゃんを愛してしまった.'
b. 小红   被   张三   爱上了.
   Xiaohong BEI Zhangsan love-Result-PF
   '紅ちゃんは張三に愛されてしまった.'

(61a)は「爱上(好きになる)」によって構成されている事象構文である.したがって,(61b)のような受動文も可能である.

本稿では,付加詞主語構文は,動作動詞で付加詞の役割を叙述する属性叙述文であると考える.この提案が妥当であれば,事象性が含まれない付加詞属性叙述文は受動化することが許されないと予測される.この予測を検証しよう.

(62) a. 这把   菜刀 切 牛肉, 那把   菜刀 切 猪肉.
        this-CL knife cut beaf that-CL knife cut pork
        'この包丁は牛肉を切る(もので),あの包丁は豚肉を切る(ものだ).'
     b. *牛肉 被   这把   菜刀 切了, 猪肉 被   那把   菜刀 切了.
        beef BEI this-CL knife cut-PF pork BEI that-CL knife cut-PF
        '牛肉はこの包丁によって切られ,豚肉はあの包丁によって切られた.'
(63) a. 这个   房间 画   画儿, 那个   房间 锻炼 身体.
        this-CL room draw picture that-CL room train body
        'この部屋は絵を描く(ところで),あの部屋は身体を鍛える(ところだ).'
     b. *画儿 被   这个   房间 画了, 身体 被   那个   房间 锻炼了.
        picture BEI this-CL room draw-PF body BEI that-CL room train-PF
        '絵はこの部屋によって描かれ,身体はあの部屋によって鍛えられた.'

(62b)と(63b)が非文法的であることから,われわれの予測が正しいことが分

かる。もちろん，動作主主語構文でも属性叙述機能があれば，付加詞主語構文と同様に，受動化することができない。

(64) a. 美国人　吃　面包，日本人　吃　米饭。
　　　　American eat bread Japanese eat rice
　　　　事象読み：アメリカ人はパンを食べ，日本人はご飯を食べる。
　　　　属性読み：アメリカ人はパンを食べる(もので)，日本人はご飯を食べる(ものだ)。
　　b. 面包　被　美国人　吃了，米饭　被　日本人　吃了。
　　　　bread BEI American eat-PF rice BEI Japanese eat-PF
　　　　事象読み：パンはアメリカ人に食べられ，ご飯は日本人に食べられた。
　　　　属性読み：×

(64a)は動作主主語構文である。前にも観察したように，この構文には事象読みと属性読みの曖昧性があるが，(64b)のような受動文では，事象読みしか得られない。この相違から，属性叙述文は受動化できないことが分かる。

　以上，属性叙述文の受動化ができないことを観察してきた。これは，受動文自体が属性叙述機能を持つことがあるということと矛盾はしない。先に触れた英語と日本語の異常受身のように，中国語でも受動文が属性叙述を表すことがある。

(65) a. 这把　菜刀　曾经　　被　贺龙　用过。
　　　　this-CL knife previously BEI Helong use-EXP.
　　　　'この包丁はかつて賀龍(人名)に使われたことがある。'
　　b. 英语　在　世界上　被　广泛　使用。
　　　　English at world-up BEI widely use
　　　　'英語は世界で広く使われる。'

経験相「过」を伴う(65a)では，賀龍という人物に使用(愛用)されたという過去の履歴によってこの包丁(这把菜刀)が高い価値(属性)を獲得していると評価されている。(65b)では，「英语」という言語が世界中で使用されていることによって普遍性・汎用性という属性を有すると判断されている。しかし，これらの受動文の派生元である能動文(66)は，単に事実を述べるだけの事象叙述文であり，「この包丁」，「英語」の属性を述べているわけではない。

(66) a. 贺龙　　曾经　　　用了　　这把　　菜刀。
　　　　 Helong previously use-PF this-CL knife
　　　　 '賀龍はかつてこの包丁を使った。'
　　 b. 在 世界上　　人们　在　　广泛　　使用 英语。
　　　　 at world-up people PROG. widely use English
　　　　 '世界で，人々は英語を広く使っている。'

3.4. 付加詞主語の属性について

　属性叙述文における述語は，主語名詞句の属性を2つの側面から描写することが観察される。1つは主語名詞句が当該動作事象で果たす「役割」を描写することであり，もう1つは，動作動詞が主語名詞句の「特徴」を描写することである。

(67) a. 张三　　　教　书，　李四　做　买卖。
　　　　 Zhangsan teach book Lisi do business
　　　　 '張三は教育に従事し，李四は商売をする。'
　　 b. 张三　　　买　货，　李四　收　　钱。
　　　　 Zhangsan sale goods Lisi receive money
　　　　 '張三は商品を売り，李四はお金を収める。'

(67a)の「教书(本を教える)」と「做买卖(商売をする)」は主語名詞句の職業(「教師」と「商人」)として，(67b)の「买货(商品を売る)」と「收钱(お金を

収める)」は主語名詞句の仕事の分担として捉えられる。いずれも主語名詞句の「役割・機能」を表すものである。一方，(68)のような属性も考えられる。

(68) a.　張三　　吃　驢肉，　　李四　吃　鹿肉。
　　　　　Zhangsan　eat　donkey meat　Lisi　eat　deer meat
　　　　　'張三はロバ肉を食べ，李四は鹿肉を食べる.'
　　b.　張三　　打　扑克，李四　釣　魚。
　　　　　Zhangsan　play　cards　Lisi　fish　ishes
　　　　　'張三はトランプをやり，李四は魚を釣る.'

(68a)では，主語名詞句の食事面の嗜好が述べられ，(68b)では，主語名詞句のレジャー面の嗜好が述べられている。ここで，(67)タイプの属性を「役割描写の属性」と呼び，(68)タイプの属性を「特徴描写の属性」と呼ぶことにする。この2つの属性は意味レベルで区別されるだけではなく，統語レベルでも区別できる。中国語には動詞述語を名詞述語化するという統語的な操作がある。それは「VP→是VP的」という変換操作である。この操作によって，役割描写を表す述語を名詞述語化することはできるが，特徴描写を表す述語は名詞述語化できないという違いが観察される。

(69) a.　張三　　是　教　書　的，李四　是　做　買売　的。
　　　　　Zhangsan　COP　teach　book　DE　Lisi　COP　do　business　DE
　　　　　'張三は教育に従事する人で，李四は商売をする人だ.'
　　b.　張三　　是　買貨　的，李四　是　收　錢　的。
　　　　　Zhangsan　COP　sale　goods　DE　Lisi　COP　receive　money　DE
　　　　　'張三は商品を売る人で，李四はお金を収める人だ.'
　　c.　?張三　是　吃　驢肉　　的，李四　是　吃　鹿肉　　的。
　　　　　Zhangsan　COP　eat　donkey meat　DE　Lisi　COP　eat　deer meat　DE
　　　　　'張三はロバ肉を食べる人で，李四は鹿肉を食べる人だ.'

d. ?张三　　　是　打　扑克　的，李四　是　　钓　鱼　　的。
　　Zhangsan　COP　play　cards　DE　Lisi　COP　fish　fishes　DE
　　'張三はトランプをする人で，李四は魚を釣る人だ．'

　以上のように，中国語では主語が規範通りに「動作主」である場合は，役割描写の属性も特徴描写の属性も，主語名詞の語彙的な意味ではなく，実際の場面において語用論的に定められる．これに対応する日本語文では，現在形の動詞だけで終わるのは落ち着きが悪く，「～をする人だ」や「～をする係だ」のような名詞述語文が必要になるようである．
　他方，付加詞が主語になる特殊な構文で表される主語名詞句の属性は，その名詞が語彙的に備えている「役割，機能」――すなわち，クオリア構造の目的役割――を指すことになる．

(70) a.　这把　　菜刀　切　菜，　　那把　　菜刀　切　肉。
　　　　this-CL　knife　cut　vegetable　that-CL　knife　cut　meat
　　　　'この包丁は野菜を切る（もので），あの包丁は肉を切る（ものだ）．'
　　b.　这个　　房间　睡　觉，　　那个　　房间　吃　饭。
　　　　this-CL　room　sleep　sleep　that-CL　room　eat　food
　　　　'この部屋は寝る（ところで），あの部屋は食事をとる（ところだ）．'

(70a)の「切菜」と「切肉」はそれぞれ「这把菜刀」と「那把菜刀」の役割分担を表し，(70b)の「睡觉」と「吃饭」も「这个房间」と「那个房间」の役割分担を表している．このことは，(70)の文が(71)のように言い換えられることから裏付けられる．

(71) a.　这把　菜刀　是　切　菜　　　的，那把　菜刀　是　切　肉　的。
　　　　this-CL　knife　COP　cut　vegetable　DE　that-CL　knife　COP　cut　meat　DE
　　　　'この包丁は野菜を切るもので，あの包丁は肉を切るものだ．'

b. 这个 房间 是 睡 觉 的，那个 房间 是 吃 饭 的。
　　this-CL room COP sleep sleep DE that-CL room COP eat food DE
　　'この部屋は寝るところで，あの部屋は食事をとるところだ．'

このように中国語の付加詞主語構文が表す属性は，その主語名詞が語彙的に持つクオリア構造の目的役割を指す。このことは，第2節で扱った日本語の対応構文と共通する。そのような意味的特徴が生じる原因は，付加詞主語というのは通常の事象叙述文では起こらない特別な構文であることに還元される。特別な構文であるから，それに適切な意味解釈を与えるためには，主語名詞の辞書表示（クオリア構造の目的役割）から意味情報を引き出すことが必要となる。
　これと比べ，「リンゴは赤い」のような，ごく普通の属性叙述文においては，そのような操作は必要なく，述語部分は単純に主語名詞句の特徴を描写するだけでよい。

(72) a. 这把 菜刀 生锈，那把 菜刀 不 生锈。
　　　　This-CL knife grow rust that-CL knife NEG grow rust
　　　　'この包丁は錆びるが，あの包丁は錆びない．'
　　b. 这个 房间 漏雨，那个 房间 透风。
　　　　this-CL room leak rain that-CL room leak wind
　　　　'この部屋は雨漏りし，あの部屋はすきま風が吹く．'
(73) a. ?这把 菜刀 是 生锈 的，…
　　　　this-CL knife COP grow rust DE
　　　　'この包丁は錆びるもので…'
　　b. ?这个 房间 是 漏雨 的，…
　　　　this-CL room COP leak rain DE
　　　　'この部屋は雨漏りするところで，…'

(72)における「主語と述語」の関係は「モノと役割描写」の関係ではなく，「モノと特徴描写」の関係であるので，(73)に示されているように「是〜的」

が適用されないわけである。

4. 結論と展望

本稿では，付加詞は通常，他動詞文の主語にならないという一般的な規則に反して，日本語と中国語で付加詞が主語になる構文を検討した。一般的な規則だけに頼ると，このような付加詞主語構文は統語的に非文法的であるとして排除されるはずであるが，実際には，日本語でも中国語でもそのような例外的構文が存在する。それらの例外的構文は，典型的に動作主を主語とする事象叙述文ではなく，主語の特性を描く属性叙述文であることが判明した。この場合，主語の属性というのは，基本的には，その主語名詞が語彙的に備えているクオリア構造の目的役割の情報である。動作主を主語に取る構文を規範的，基本的な構文とすると，付加詞を主語に取る構文は非規範的，例外的である。そのため，付加詞主語構文は，主語名詞が固有に持つ語彙的意味情報の助けを借りることで初めて成り立つと言うことができるだろう。

付 記

本稿は，国立国語研究所の影山班共同研究「日本語レキシコンの文法的・意味的・形態的特性」に基づいている。日本語に関する記述は影山が，中国語に関する記述は沈が担当している。

参照文献

Baker, Mark (1988) *Incorporation*. Chicago: University of Chicago Press.
Carlson, Gregory (1980) *Reference to kinds in English*. New York: Garland.
Donohue, Mark and Søren Wichmann(eds.) (2008) *The typology of semantic alignment*. Oxford: Oxford University Press.
江口清子 (2008)「事象叙述述語による属性叙述」益岡隆志(編)『叙述類型論』93-114. 東京：くろしお出版.
Huang, C.-T. James (2006) Resultatives and unaccusatives: A parametric view. 『中国語学』253: 1-43.
影山太郎 (1996)『動詞意味論』東京：くろしお出版.

影山太郎 (2000)「自他交替の意味的メカニズム」丸田忠雄・須賀一好 (編)『日英語の自他の交替』33-70. 東京：ひつじ書房.

影山太郎 (2004)「軽動詞文としての『青い目をしている』構文」『日本語文法』4 (1): 22-37.

影山太郎 (2005)「辞書的知識と語用論的知識：語彙概念構造とクオリア構造の融合にむけて」影山太郎 (編)『レキシコンフォーラム』1: 65-101. 東京：ひつじ書房.

Kageyama, Taro (2006) Property description as a voice phenomenon. In: Tasaku Tsunoda and Taro Kageyama (eds.) *Voice and grammatical relations*, 85-114. Amsterdam: John Benjamins.

影山太郎 (2006)「外項複合語と叙述のタイプ」益岡隆志・野田尚史・森山卓郎 (編)『日本語文法の新地平』1-21. 東京：くろしお出版.

影山太郎 (2008)「属性叙述と語形成」益岡隆志 (編)『叙述類型論』21-43. 東京：くろしお出版.

影山太郎 (2009)「言語の構造制約と叙述機能」『言語研究』136: 1-34.

Kageyama, Taro and Hiroyuki Ura (2002) Peculiar passives as individual-level predicates. *Gengo Kenkyu* 122: 181-199.

Kratzer, Angelica (1995) Stage-level and individual-level predicates. In: Gregory Carlson and Francis Pelletier (eds.) *The generic book*, 125-175. Chicago: University of Chicago Press.

呉人惠 (2010)「コリャーク語の属性叙述：主題化メカニズムを中心に」『言語研究』138: 115-147.

Levin, Beth and Malka Rappaport Hovav (2005) *Argument realization*. Cambridge: Cambridge University Press.

益岡隆志 (1987)『命題の文法：日本語文法序説』東京：くろしお出版.

益岡隆志 (2004)「日本語の主題：叙述の類型の観点から」益岡隆志 (編)『主題の対照』3-17. 東京：くろしお出版.

益岡隆志 (2008)「叙述類型論に向けて」益岡隆志 (編)『叙述類型論』3-18. 東京：くろしお出版.

小野尚之 (2005)『生成語彙意味論』東京：くろしお出版.

Perlmutter, David and Paul Postal (1984) The 1-advancement exclusiveness law. In: David Perlmutter and Carol Rosen (eds.) *Studies in relational grammar 2*, 81-125. Chicago: University of Chicago Press.

Pustejovsky, James (1995) *The generative lexicon*. Cambridge, MA: MIT Press.
Rappaport Hovav, Malka and Beth Levin (1992) *-Er* nominals. In: Tim Stowell and Eric Wehrli (eds.) *Syntax and semantics 26: Syntax and the lexicon*, 127-153. New York: Academic Press.
Schlesinger, Izchak (1995) *Cognitive space and linguistic case*. Cambridge: Cambridge University Press.
申鉉竣 (2003)『近代日本語における可能表現の動向に関する研究』東京：絢文社.
沈力・林宗宏 (2009)「中国語の結果構文と事象構造」沈力・趙華敏（編）『汉日理论语言学研究』197-211. 北京：学苑出版社.
渋谷勝己 (1993)『日本語可能表現の諸相と発展』（大阪大学文学紀要 33-1）. 大阪：大阪大学.
熊鶯 (2009)『鍵がドアをあけた：日本語の無生物主語他動詞文へのアプローチ』東京：笠間書院.
Ziv, Yael and Gloria Sheintuch (1981) Passives of obliques over direct objects. *Lingua* 54: 1-17.

3
Ｎノコトダカラ構文の意味分析

益岡隆志

要旨 「Ｎノコトダカラ構文」は，「名詞(N)＋ノコトダカラ〜」という特定の形と，「Ｎについて，その属性を根拠に帰結として推論できる事態を述べる」という特定の意味が結びついた表現であり，構文の意味の問題を考えるうえで興味深い研究材料を提供する。本稿では，Ｎノコトダカラ構文を対象として，この構文が叙述の類型の問題——とりわけ，「属性叙述」の問題——にどう関係するかという点，及び，この構文が構文のイディオム性の問題にどのような観点をもたらすかという点をめぐって考察する。

1. はじめに

文の意味というものにどう向き合っていけばよいのか。そこに本稿の出発点がある。文の意味にアプローチしようとするとき，文の意味が文の形とどのように結びつくのかという問題への取り組みが要請されることになる。文の形と意味の結びつきを具体的に表すものが構文である。構文とは，特定の形と特定の意味が結びついたものである。本稿は，構文における形と意味の結びつきを明らかにしていくための１つのケーススタディである。

本稿の考察の対象は，次の(1)〜(3)で示されるような構文である。

(1) 三島のことだから，たまたま似たのではなく，意識的に似せたのだろう。　　　　　　　　　　　　　（新潮文庫(編)「文豪ナビ：三島由紀夫」）
(2) 多美子のことだから，この半分ぐらいは欲しいのかもしれぬ。

(松本清張「石の骨」)
(3)　漱石のことだからひょっとすると世界的な学者として知られるようになったかもしれない。　　　　　　　　　（水村美苗「日本語が亡びるとき」）

　従属節と主節により構成される複文構文であるこの構文の特徴は，従属節の部分が「名詞＋ノコトダカラ」という形を取ることである。このような形の面での特徴に基づき，本稿ではこの構文を「Ｎノコトダカラ構文」と呼ぶことにする[1]。

　形の面での特徴に対して，この構文の意味の面での特徴はどうであろうか。(1)～(3)の例を見てみると，この構文が，ある定まった意味を表すことが観察される。それは，「Ｎについて，その属性を根拠に帰結として推論できる事態を述べる」というものである。例えば，(3)の例で言えば，漱石について，その性格や特徴(実績など)——ただし，それが具体的に何であるかは言い表されていない——に基づいて，「世界的な学者として知られるようになったかもしれない」という推論の帰結が述べられている。

　このように，Ｎノコトダカラ構文は，特定の形(「名詞＋ノコトダカラ～」)と特定の意味(「Ｎについて，その属性を根拠に帰結として推論できる事態を述べる」)が結びついた表現であり，構文の意味研究を進めていくうえで興味深い材料を提供するものである。

　本稿では，Ｎノコトダカラ構文を対象として，(i)この構文が叙述の類型(predication type)の問題——とりわけ，「属性叙述」(Property Predication)の問題——にどう関係するか，及び，(ii)この構文が構文のイディオム性(idiomaticity)の問題にどのような観点を与えるか，という２点を論じる。以下では，前半の２節と３節で，Ｎノコトダカラ構文における「Ｎのこと」の部分がＮの属性を表すメカニズムを，そして後半の４節と５節で，Ｎノコトダカラ構文が「Ｎについて，その属性を根拠に帰結として推論できる事態を述

---

[1] 管見のかぎり，この構文はこれまでの研究で考察の対象になったことはない。前田(2009)にその存在への言及が見られるのみである。

べる」という定まった意味を表すメカニズムを,それぞれ明らかにしたいと思う。

2. 叙述の類型と属性のタイプ

本節では,「Nのこと」がNの属性を表すメカニズムを考察するための下準備として,叙述の類型と属性のタイプについてその概略を述べておきたい。

叙述の類型という文法概念は,文の叙述の様式に性格の異なる2つのタイプのものがあるという認識に基づいている[2]。これら2つのタイプを「属性叙述」(Property Predication),「事象叙述」(Event Predication)と称する。

属性叙述とは,次の(4)のように,所与の対象の何らかの属性を叙述するものを言う。

(4)　日本は島国だ。

(4)では,対象である「日本」が「島国である」という属性を持つことが表されている。属性叙述を表現する文は,対象を表す部分と属性を表す部分が相互に依存する関係——すなわち,対象を表す部分が属性を表す部分の存在を要求し,属性を表す部分が対象を表す部分の存在を要求するという関係——にあり,「主題-解説」という有題文の形を取るのが基本となる。

それに対し,事象叙述とは,次の(5)のように,特定の時空間に実現する事象(広義の出来事(event))を叙述するものである。

(5)　子供がにっこり笑った。

事象叙述を表現する文は,個々の事象(出来事)のあり方を指定する述語(用言(verbal))を主要部とし,それに従属部である補足語(「項」(argument))と付加

---

[2]　叙述の類型の詳細については,益岡(1987, 2000, 2004, 2008a, 2008b),影山(2006, 2008, 2009)などを参照されたい。

語(adjunct)が加わって構成される。(5)で言えば，述語「笑った(笑う)」が主要部をなし，補足語「子供が」と付加語「にっこり」が従属部をなす。属性叙述文とは異なり，事象叙述文は主題の存在を求める文脈上の要請がない場合，(5)のような無題文の形を取ることになる。

　叙述の類型に関する以上の概観をもとに，次に，「Nのこと」の分析において大きな役割を果たす属性のタイプの問題に話題を移すことにしよう。属性叙述に対する理解を深めるには，「属性」という文法概念をどう捉えるかという点が重要である。属性とは何かという問いを，ここでは，属性のタイプにどのようなものがあるかという問いに置き換え，答えを探ることとする。

　属性には概略，次の3つのタイプがある[3]。まず第1に，「カテゴリー属性」と呼び得るタイプがある。これは，次の(6)のような，対象が属するカテゴリーを表すものである。

(6)　一郎は田舎育ちだ。

(6)は，属性叙述の対象である「一郎」が「田舎育ち(の人)」というカテゴリーに属することを表している。カテゴリーを表すものの基本は名詞であるから，カテゴリー属性を表す属性叙述文の典型は名詞述語文ということになる。

　属性のタイプの第2に，「単純所有属性」と呼び得るタイプが挙げられる。これは，(7)のような，対象が所有する性質を表すものである。(7)は(8)のような所有構文にパラフレーズすることができる。

(7)　あの人は優しい。
(8)　あの人は優しさがある。

(7)は，属性叙述の対象である「あの人」が「優しさ」という性質を所有することを表している。性質を表すものの代表は「優しい」のような形容詞であ

---

[3] 属性のタイプの詳細については，益岡(2008a, 2008b)を参照されたい。

るから，形容詞述語文が単純所有属性を表す属性叙述文の典型となる。
　第3のタイプは「履歴属性」と呼び得るものである。「履歴属性」とは，当該の対象が過去の事象（出来事）を履歴として所有することを表すものであり，所有属性の一種であると言える。履歴属性を表す文の例として，次の(9)を挙げることができる。

　(9)　友人はフランスに何度も行った。

　この文には複数の意味解釈が可能であるが，履歴属性が関係するのは「友人はフランスに何度も行ったことがある」という意味解釈の場合である。この意味解釈においては，「友人」が「フランスに何度も行った」という過去の事象（出来事）を所有していることが表される。過去の事象を所有するということは，履歴として所有するということに他ならない。これが本稿で言う「履歴属性」である。履歴属性を表す文は過去の事象を表すことから，基本的に動詞述語文ということになる[4]。

3.　「Nのこと」の意味

　前節での概観をもとに，Nノコトダカラ構文における「Nのこと」がNの属性を表すメカニズムを考えてみよう。
　「Nのこと」の内部構成は「N＋の＋こと」である。「の」が所有の意味を表すと考えれば，「Nのこと」は「Nが所有する「こと」」という意味を表すことになる。問題は，「こと」の意味である。「こと」はどのような意味を表すのであろうか。
　「こと」が表す意味については，これまでに廣松(1979)，寺村(1981)，池上(2000)など多くの研究が考察を進めてきた。これらの研究で示されている見解は完全に同一のものではないが，基本的な部分では一致を見ている。それ

---

[4]　動詞述語が属性を表すものとして，他に(i)のような「傾向属性」と呼び得るものがある。詳しくは益岡(2008b)を見られたい。
　(i)　あの人はよく泣く。

は,「もの」が「事物」を表すのに対し,「こと」は何らかの「事態」を表すというものである[5]。例えば,「値段」が「もの」(事物)であるのに対し,「値段が上がること」,「(人が)値段を上げること」は「こと」(事態)である。言い換えれば,「値段」が「もの」を表す名詞(「モノ名詞」)であるのに対し,「値上がり」・「値上げ」は「こと」を表す名詞(「コト名詞」)である。

それでは,「事態」とは何であろうか。「値段が上がること」や「(人が)値段を上げること」は,叙述の類型の観点から言えば「事象」(出来事)である。「出来事(できごと)」という語に「こと」が含まれているのは偶然ではない。事象が「こと」であるという点は疑い得ない。では,「こと」は事象に限られるのか。叙述の類型のもう1つの柱である「属性」は「こと」から除外されるであろうか。

「こと」から属性を特に除外する理由は見出しがたいように思われる。「値段が上がること」や「(人が)値段を上げること」が「こと」であるのと同様に,「日本が島国であること」や「あの人が優しいこと」も「こと」であると見るのが自然である。廣松(1979),寺村(1981),池上(2000)なども,そのような見方を採っている。

「こと」が属性または事象を表すとすれば,「Nのこと」は,その構成的意味として「Nが所有する属性または事象」という意味を表すことになる。この「Nが所有する属性または事象」のうち,「Nが所有する属性」は,言うまでもなく「Nの属性」である。他方の「Nが所有する事象」についても,Nが事象を所有するというのは,前節で指摘したように,Nが事象を履歴として所有すること——すなわち,履歴属性——に他ならないから,「Nの属性」を表すことになる[6]。

したがって,「こと」が属性であれ事象であれ,「Nのこと」はともにNの属性を表すことになる。こうして,Nノコトダカラ構文における「Nのこと」がNの属性を表す点は,「N＋の＋こと」という構成のあり方に目を向けるこ

---

[5]　益岡(2007)では,「こと」を「概念的に構築された事態」を表すものとした。

[6]　より詳しく言えば,Nが事象を所有するものとして,他に,注4で触れた「傾向属性」が挙げられる。

とで無理なく説明することができる。

「Nのこと」がNの属性を表す理由を見たところで，次に，Nの属性の具現の可能性について考えてみたい。Nノコトダカラ構文にNの属性がかかわることは，(10)のような表現の存在によって明らかである。

(10)　あの一郎のことだから，放ってはおかないだろう。

この文に特徴的なのは「あの」が用いられている点である。「あの一郎」という表現は，「特定の一郎」を指示するものではなく，「一郎」の持つ「優しい」，「面倒見がよい」といった何らかの属性を問題にするものである。次の(11)もこれに類する例である。

(11)　あれほどの奴のことだから，君の思い通りにはなりそうではないね。
　　　　　　　　　　　　　　　　　　　　　　　　（山崎豊子「白い巨塔」）

興味深いことに，当該の属性がNに先行する位置で具体的に言い表される場合もある。それが，次の(12)や(13)のような例である。

(12)　執拗な彼のことだから，まだ，それに固執するだろう。
　　　　　　　　　　　　　　　　　　　　　　　　（松本清張「Dの複合」）
(13)　聡明でカンの鋭い彼のことだから，およその察しはついていたはずだ。
　　　　　　　　　　　　　　　　　　　　　　　　（陳舜臣「異人館周辺」）

(12)の「執拗な」，(13)の「聡明でカンの鋭い(カンが鋭い)」は，後続する「彼」の属性を表している。(12)，(13)はそれぞれ(14)，(15)のようなパラフレーズが可能である。

(14)　彼は執拗だから，まだ，それに固執するだろう。
(15)　彼は聡明でカンが鋭いから，およその察しはついていたはずだ。

(12), (13)における「執拗な」,「聡明でカンの鋭い(カンが鋭い)」という属性は，前節で提示した属性のタイプで言えば，単純所有属性に該当する。属性のタイプには，単純所有属性の他にカテゴリー属性と履歴属性があった。そこで，カテゴリー属性と履歴属性についても，Nに先行する位置で属性が具現する例を挙げておこう。次の(16)はカテゴリー属性の例，(17)は履歴属性の例である。

　(16)　田舎育ちの一郎のことだから，故郷に帰りたいと言い出すのではないだろうか。
　(17)　関西の財界人のこれという手術は殆ど一手に引き受けて来た君のことだから，いろいろと有力なつてを持っていいところへ行くのだろう。
　　　　　　　　　　　　　　　　　　　　　　(山崎豊子「白い巨塔」)

　ついでながら，所与の表現が属性になり得るか否かの判定にNノコトダカラ構文が利用できるという点を付記しておきたい。この点を示す例として，次の(18)と(19)を比較してみよう。

　(18)　病気がちな一郎のことだから，無理はしないだろう。
　(19)　?病気の一郎のことだから，無理はしないだろう。

「病気がちだ」がNに先行する位置に出現可能であるのに対し，「病気だ」は出現が困難である。これは，「病気がちだ」が人物の属性を表せるのに対し，「病気だ」が一時的な状態を表すにとどまることを示唆している。「一郎が病気です」のような無題文が成り立ち得ることからも，「病気だ」が事象を表す述語であることが窺われる。
　以上，本節では，Nノコトダカラ構文における「Nのこと」がNの属性を表す点をめぐって分析を試みたのであるが，本節の議論には，1点見逃せない問題が残されている。それは，「Nのこと」における「の」の意味を単に所有を表すものとしてよいのかという点である。節を改めてこの問題を検討したい。

4. Nノコトダカラ構文のイディオム性

　前節の議論のなかで、「Nのこと」における「の」を所有の意味を表すものと見たのであるが、「の」を所有の意味を表すとするのはいささか単純に過ぎる。西山(2003)は「NP1 の NP2」の言語的意味に「NP1 と関係 R を有する NP2」、「NP1 デアル NP2」、「時間領域 NP1 における、NP2 の指示対象の断片の固定」、「非飽和名詞 NP2 とパラメータの値 NP1」、「行為名詞句 NP2 と項 NP1」という5つのタイプを認めている。そして、1つ目の「NP1 と関係 R を有する NP2」について、「狭義の所有を表すわけではけっしてない。この種の表現においては、NP2 に対する NP1 による限定の仕方は所有に限られるわけではないからである。」(p. 16)と述べている。それでは、「Nのこと」における「の」と所有の意味との関係をどのように見ればよいのであろうか。

　この問いは、実は、より根本的な問題に我々を誘うことになる。それは、Nノコトダカラ構文の「イディオム性」の問題である。Nノコトダカラ構文のイディオム性というのは、この構文が全体枠とでも言うべきものを保持しているということである。すなわち、Nノコトダカラ構文は、《対象Nの属性PからNがかかわる事態Sが推論される》ことを表す構文であり、変項[N, P, S]が関与する(ただし、通常Pは潜在的である)ものの、構文全体が定まったパターンを有するということである。

　変項であるNとPとSの部分に要素を自由に挿入できるという点で構文の生産性が確保される。その一方で、構文の全体枠が固定しているという点でイディオム性を持つ。その意味において、Nノコトダカラ構文は生産的なイディオム——言い換えれば、「構文イディオム」——である[7]。

　Nノコトダカラ構文がこのようなイディオム性を持つことは、母語話者に「一郎のことだから、（　　　）」という表現フレームを与えて空欄の部分に表現を補ってもらう作業を課したとき、母語話者がいとも簡単に「一郎のことだから、放ってはおかないだろう」のような文を作り出せるという事実によって

---

[7] ここでいう「構文イディオム」は、Fillmore et al.(1988)のいう 'formal idiom' に相当するものと見られる。

確認することができる．さらに，(20)のように，「Nのことだから」の「から」を省略する表現が成り立つという点も，この構文のイディオム性を裏づけるものである．

(20)　三島のことだ．たまたま似たのではなく，意識的に似せたのだろう．

それでは，このような構文のイディオム性は何に由来するのであろうか．当該の構文がその内部要素の自由な結びつきを許され，その構文の意味がその自由な結合にそのまま対応するものであるとすれば，イディオム性が生じる余地はない．そこで，Nノコトダカラ構文の意味のあり方には通常の構文の意味のあり方には見られない特徴が存在するはずである．本稿では，この特徴を構成的意味の限定と見る．以下，Nノコトダカラ構文における構成的意味の限定について具体的に3つの点を見ていくことにしよう．

まず第1に，先に挙げた「Nのこと」の意味についてである．西山(2003)などの指摘にあるとおり，「NP1のNP2」という名詞句におけるNP1とNP2の意味的な関係は多様なものであり，「所有」の意味はそのうちの1つの意味に過ぎない．そこでは，あり得る多様な意味的関係のうちの1つに限定されるわけである．

第2に，接続形式の「から」に関係する意味的構成の限定である．複文の構文で用いられる接続形式「から」には，いくつかの用法(意味)がある．前田(2009)の整理に従えば，「から」の主たる用法には，事態や行為の原因・理由を表すものと判断の根拠を表すものがある[8]．これらの用法に該当する例として，それぞれ(21)，(22)が挙げられる．

(21)　アイルランドは第二次世界大戦中，中立を保ち戦災を免れたから，シックな町並には古い建物もかなり残っていた．

---

[8] この2つ以外に，前田(2009)は(i)に見られるような，可能条件提示の用法を挙げている．
(i)　税理士の電話番号も書いてありますから，何でも訊いて下さい．

(藤原正彦「心は孤独な数学者」)
(22) 以後，記録にも現われていないから，誰も採取していないはずだ。
(松本清張「万葉翡翠」)

　これらの「から」の用法のなかで，Nノコトダカラ構文における「から」は，これまで見た例に示されるとおり，もっぱら判断の根拠(推論の根拠)を表す。そして，主節は推論の帰結を表す。このように，「から」についても，あり得る意味のうちの1つに限定されることが注目される。
　第3に挙げるべきは，複文における統一的主題についてである。これに関連してまず指摘しておきたいのは，Nノコトダカラ構文が「だ」の存在により複文構文を構成するという点である。「〜だ」の形式を取ることで，Nノコトダカラ構文は複文構文を構成することになる。次の(23)のような，「だ」を欠いた単文構文「Nのことから〜」においては，「から」は原因を表すに過ぎない。「だ」の存在が構文全体の特徴づけに大きく寄与している点を見逃してはならない。

(23) 子供のことから口論になった。

　さて，複文における統一的主題という点であるが，Nノコトダカラ構文に主題が関与する源泉は，この構文の一部である「Nのこと」の部分がNの属性を表すという点にある。2節で述べたように，対象を表す部分と属性を表す部分が相互に依存する関係にある属性叙述では，それら2つの部分が「主題−解説」の形を取るということであった[9]。
　「Nのこと」の部分に属性叙述が関与することから，「Nのこと」におけるNが主題として機能することになるのであるが，ここで注目すべきは，Nが単に「Nのこと」の部分で主題として機能するにとどまらず，複文構文全体の主

---

[9] 属性叙述が主題の存在を要請するという点については，益岡(1987, 2004)などを参照されたい。

題——すなわち，複文構文の統一的主題——として機能するという点である。前節において，(12)と(13)がそれぞれ(14)と(15)のようにパラフレーズできるとした点を想起されたい。

(12) 執拗な彼のことだから，まだ，それに固執するだろう。
(松本清張「Dの複合」)
(13) 聡明でカンの鋭い彼のことだから，およその察しはついていたはずだ。
(陳舜臣「異人館周辺」)
(14) 彼は執拗だから，まだ，それに固執するだろう。
(15) 彼は聡明でカンが鋭いから，およその察しはついていたはずだ。

複文構文が主題を取る場合，従属節と主節が同一の主題を取る可能性(例えば，(24))と異なる主題を取る可能性(例えば，(25))がある。

(24) 一郎は面倒見がよいから，放ってはおかないだろう。
(25) 明日は月曜日だから，博物館や美術館は休みだろう。

この2つの可能性のうち，Nノコトダカラ構文は，もっぱら同一の主題(統一的主題)を取る。このように，主題の取り方についても，あり得る選択肢のうちの1つに限定されることになる。

以上の観察のとおり，Nノコトダカラ構文では，構成的意味の限定という特徴が一貫して認められる。それでは，このような構成的意味の限定はいかにしてなされるのであろうか。節を改めてこの問題を考えてみたい。

5. 構成的意味の限定

前節で観察した構成的意味の限定が無原則・偶発的に生じるとは考えがたい。そこで，構成的意味の限定に何らかの定まった原則があると仮定してみよう。それは，どのような原則であろうか。

Nノコトダカラ構文における構成的意味の限定について前節で指摘した3項

目——すなわち,「Nのこと」が所有の意味に限定されること,「から」がもっぱら判断の根拠(推論の根拠)を表し,それに伴い主節が推論の帰結を表すこと,この構文の主題が統一的主題に限定されること——に共通して認められるのは,あり得る選択肢のうち最も想起されやすい代表的なものが選ばれるという点である。本稿では,「デフォールト値」という術語を援用し,選択肢のなかのデフォールト値が選ばれるという言い方を採ることにする。以下,3つの項目それぞれについて,デフォールト値が選ばれるという点を具体的に見ていこう。

まず,「N1のN2」と「所有」の意味との関係から始めたい。「N1のN2」の代表的な意味として「所有」を挙げるのは珍しいことではない。例えば,寺村(1991)は,「私の本,次郎の伯父さん,ブッデンブローク家の人々,会社の車,彼女の眼,カメラのレンズ,木の根」といった例を挙げたうえで,「「N1ノN2」という形で,最も日常的によく使われるのは,N1がN2を所有するもの・人,N2がN1に所属しているもの・人,あるいは,N2がN1の一部であるような関係にあるような場合であろう。」(p. 253)と述べている。

ここで留意すべきは,Nノコトダカラ構文では,これまで挙げた例が示すとおり,Nには主として人(人物)が来るという事実である。「N1のN2」においてN1が人である場合,N1は所有者と解されやすいことから,Nノコトダカラ構文において「Nのこと」のデフォールト値としての意味を「Nによる所有」と見ることは妥当であろう。

次は,「から」と「判断(推論)の根拠」の意味との関係である。「から」についてまず指摘しておきたいことは,「ので」との競合関係である[10]。「から」と「ので」は原因・理由を表す接続形式を代表するものであり,これまでの研究でも両者の異同を扱ったものが多数存在する。「から」と「ので」が競合するなか,Nノコトダカラ構文においては,「ので」が用いられることはなく,「から」の使用に固定されるわけである。

---

[10] 「から」と「ので」の競合関係については,日本語記述文法研究会(編)(2008)や前田(2009)を参照されたい。

それでは,「ので」との競合関係のもと,「から」特有の意味は何であろうか。「から」が表す意味には,前節で述べたように,事態や行為の原因・理由を表すものと判断の根拠(推論の根拠)を表すものがあるが,このうちの判断の根拠を表す用法は「から」に偏在している[11]。判断の根拠を表す用法に関して,前田(2009)は,前件が判断の根拠を表す場合,後件は判断・働きかけ・表出を表すと述べている。

　後件が判断・働きかけ・表出を表すとして,それでは,そのうちのどれがデフォルト値になるであろうか。前件が'推論の根拠'を表し,後件がその帰結を表すというのが,「から」を用いた判断の表現としては最も無標的なものであろう。このように,Nノコトダカラ構文が推論の根拠とその帰結を表す点にもデフォルト値が関係していると考えられる。

　最後に,複文構文と統一的主題の関係について見てみよう。複文構文が主題を取るとき,選択肢として,従属節と主節が同一の主題(統一的主題)を取る可能性と異なる主題(非統一的主題)を取る可能性が考えられることは,前節で指摘したとおりである。それでは,複文構文における主題の取り方として統一主題と非統一主題のどちらをデフォルト値と見るべきであろうか。その答えはおのずから明らかであろう。単一の主題を軸に文を組み立てるほうが,複数の主題を介在させて文を組み立てるよりも基本的・無標的であると考えられる。「から」を用いて推論を表す複文構文の場合もその例外ではない。

　以上,本節では,前節で観察したNノコトダカラ構文における構成的意味の限定に「デフォルト値」の概念が深く関係することを見た。与えられた選択肢のなかからデフォルトのものが選ばれることによって構文の構成的意味が限定され,その結果,構文のイディオム性がもたらされるというのは,考えてみると,無理のない自然なメカニズムであるように思われる。

6. おわりに

　最後に,本稿で考察してきたことの要点を示すとともに,残された課題に触

---

[11] この点の詳細は益岡(準備中)に譲る。

れておきたいと思う。

　第1節で述べたとおり，本稿の目標は，(i)Nノコトダカラ構文が叙述の類型の問題にどう関係するか，及び，(ii)Nノコトダカラ構文が構文のイディオム性の問題にどのような観点を与えるか，という2点を論じることであった。本稿での分析を通して，(i)については，属性のタイプ(「カテゴリー属性」，「単純所有属性」，「履歴属性」)のあり方と，「Nのこと」が「N＋の＋こと」という組成を持つという点に基づいて，「Nのこと」がNの属性を表すメカニズムを明らかにした。また(ii)については，Nノコトダカラ構文のイディオム性が構成的意味の限定に起因するということ，そして，この構成的意味の限定にデフォールト値の概念がかかわるということを明らかにした。

　今後の課題として，上記の(i)(ii)について問題点を1つずつ記しておきたい。まず(i)に関しては次のとおりである。第5節で指摘したことのなかに，Nノコトダカラ構文におけるNの位置には主として人(人物)が来るという点があった。より細かく言えば，Nの位置に現れる人は話し手にとってなじみ深い存在であるということである。Nの位置に現れる名詞がこのように限定される理由はどこにあるのであろうか。この問題は，「一郎を知っている」という場合に一郎の名前を知っているだけでもよいのに対し，「一郎のことを知っている」という場合には一郎の属性(性格や特徴など)を詳しく知っていなければならない，といった事実と関係するように思われるが，詳細は今後の課題としたい。

　他方(ii)に関しては，構成的意味の限定ということについて，さらに詳しく検討する必要がある。Nノコトダカラ構文のイディオム性を，本稿では，デフォールト値に基づく構成的意味の限定に由来するものと捉えたのであるが，このような見方の妥当性を主張するためには，デフォールト値に基づく構成的意味の限定ということの一般性を明らかにすることが必要である。その一般性を明らかにするには，種々の構文のイディオム性を同じメカニズムによって説明することが求められる。この点も今後の課題としたい。

付　記

　本稿は，中日理論言語学国際フォーラム(於同志社大学，2009年7月26日)で行った研究発表の内容を文章化したものである。同フォーラムでの研究発表に対し多くの方々から有益なコメントを頂戴した。記して感謝の意を表したい。

参照文献

Fillmore, Charles J., Paul Kay and Mary C. O'Connor (1988) Regularity and idiomaticity in grammatical constructions: The case of *let alone*. *Language* 64: 501-538.
廣松渉 (1979)『もの・こと・ことば』東京：勁草書房.
池上嘉彦 (2000)『「日本語論」への招待』東京：講談社.
影山太郎 (2006)「外項複合語と叙述のタイプ」益岡隆志・野田尚史・森山卓郎(編)『日本語文法の新地平1』1-21. 東京：くろしお出版.
影山太郎 (2008)「属性叙述と語形成」益岡隆志(編)『叙述類型論』21-43. 東京：くろしお出版.
影山太郎 (2009)「言語の構造制約と叙述機能」『言語研究』136: 1-34.
前田直子 (2009)『日本語の複文』東京：くろしお出版.
益岡隆志 (1987)『命題の文法』東京：くろしお出版.
益岡隆志 (1997)『複文』東京：くろしお出版.
益岡隆志 (2000)「属性叙述と事象叙述」『日本語文法の諸相』39-53. 東京：くろしお出版.
益岡隆志 (2004)「日本語の主題：叙述の類型の観点から」益岡隆志(編)『主題の対照』3-17. 東京：くろしお出版.
益岡隆志 (2007)『日本語モダリティ探究』東京：くろしお出版.
益岡隆志 (2008a)「叙述類型論に向けて」益岡隆志(編)『叙述類型論』3-18. 東京：くろしお出版.
益岡隆志 (2008b)「日本語における叙述の類型：中間報告として」『エネルゲイア』33: 1-13.
益岡隆志(準備中)「接続形式から見た原因理由構文の構図」
日本語記述文法研究会(編) (2008)『現代日本語文法第6巻　複文』東京：くろしお出版.
西山佑司 (2003)『日本語名詞句の意味論と語用論：指示的名詞句と非指示的名詞

句』東京：ひつじ書房.
寺村秀夫 (1981)「「モノ」と「コト」」『馬渕和夫博士退官記念国語学論集』743-763.
　　東京：大修館書店.
寺村秀夫 (1991)『日本語のシンタクスと意味Ⅲ』東京：くろしお出版.

4

コピュラ文の諸相

風間伸次郎

要旨 動詞文に比べ，コピュラ文についての研究は遅れている。本稿ではコピュラ文の諸相を通言語的に概観する。具体的には形容詞的意味の語に関して，内心構造と外心構造の文の表現形式を扱う。内心構造を表示する要素を「リンカー」，外心構造を表示する要素を「コピュラ」と呼ぶと，世界の諸言語は下記のいずれかに分類できる。①リンカーもコピュラもない，②リンカーはあるがコピュラはない，③コピュラはあるがリンカーはない，④リンカーもコピュラもある。「線条性」の桎梏ゆえに，連続を断ち切るため，もしくは不連続を繋げるため，どの言語も一定の方略を用意しており，各言語はその言語全体の体系に応じて，各々独自の手法を用いていることがわかる。

1. はじめに

本稿では，コピュラ文が示す形態，そこにみられる類型的特徴，など，コピュラ文の示す諸相について通言語的に概観する。

なお本稿でいうコピュラ文とは，名詞および名詞類を述語とする文を広く指す(したがって，名詞述語文と呼んでもよいものである)。その文にコピュラ自体があるか無いかは問題にしない。もっともこのような定義に問題点がないわけではない。コピュラおよびコピュラ文の定義が抱える問題点については，以下で再び取り上げることにする。

2. 先行研究
2.1. コピュラ文もしくはコピュラ一般に関する先行研究

ここでは特に類型論的に多くの言語の例を扱っている文献を紹介する。

Hengeveld(1992)は，系統的・地理的に偏らない37の言語をサンプルにし，存在文も含め広く非動詞的叙述(Non-verbal predication)を扱っている。コピュラの定義を，「意味が「空」の助動詞」としている。それゆえ，準コピュラとして，become, remainなどを認め，他方でseemなどは似非コピュラとしてコピュラとは認めていない。コピュラの歴史的起源や，文法化についても考察している。

Pustet(2003)もコピュラに関する通言語的研究である。コピュラ文が示す意味に関しては，西山(2003)に詳しい記述がある。日本語学では伝統的にコピュラ文を3つに分けることが行われてきた。すなわち指定文，措定文，ウナギ文である(なお欧米の研究ではもっぱら2分法が行われてきた，後述)。

2.2. 名詞の並置に関する先行研究

本稿にとって重要な先行研究に，Frajzyngier et al.(2002)がある。以下にこれを紹介する。Frajzyngier et al.(2002)は，以下のような2つの構造，すなわち単なる名詞の並置(juxtaposition)が，修飾と題述のどちらに用いられるかを問題にする。

'the man's dog'　'This is a dog.'

両方に並置を用いればあいまいになってしまうので，諸言語はこのどちらかにしか並置を用いないという仮説を立て，まず8つのチャド諸語(下記の下線の言語)についてこれを例証した後，世界の諸言語(系統や地域に偏りのない25の言語)についてさらに仮説を検討する。

結果として，Frajzyngier et al.(2002)は世界の諸言語が以下の2つのグループのいずれかに分類されるとしている(ただし*のついたものに関しては，実際の例に即した説明を参照する必要があるとしている)。

・修飾には並置を用いるが題述には用いない，コピュラを有する言語：
フランス語*，英語，ムプン語，ギダル語，レレ語，ドゥレフ語，モンゴル語，ケチュア語*，シロイ語，リンブ語

・題述には並置を用いるが修飾には用いない，コピュラを持たない言語：
ハウサ語*，ミヤ語，ミナ語，フディ語，東ダンラ語，カヌリ語，ランゴ語，キスィ語，アトパレ語，漢語*，古典漢語*，日本語，トルコ語口語，イディン語*，ゴーニヤンディ語*，カヤルディルド語，トュンピサ語*，ラヴカレヴェ語，ロシア語，ポーランド語文語，ポーランド語口語*，キリヴィラ語，ピピル語

同じチャド語族内でもタイプが分かれること，地域によらず両方のタイプがあることから，この類型が系統や地域によらないものであるとしている。

2.3. 先行研究の問題点と筆者による仮説

筆者はこのようなFrajzyngier et al.(2002)の研究にはいくつかの問題点があると考える。まず，修飾として取り上げているものが，実際には所有構造などである点である。名詞のみを扱う，という点ではよいが，所有構造と題述構造では両者が表す意味関係は大きく異なる。これに対し，次のような形容詞（もしくは当該の言語で形容詞的な意味を実現する語）であれば，両者の意味はより近いものとなる。

(the (white (flower)))　　(the flower) (is white)

この両者は，Bloomfieldのいういわゆる内心構造と外心構造，Jespersenのいうネクサスとジャンクションであり，むしろ伝統的にはこのような構造の違いが問題にされてきた。

したがって筆者は以下で主に形容詞（的意味の語）について，上記の両構造の表現形式を問題にする。ただしこれについても問題がないわけではない。特に形容詞的な意味を示す語が動詞の下位範疇であるような言語の場合，題述の構

造は動詞文となり，本稿のコピュラ文の定義を逸脱することになる。以下でそのような言語を扱う場合には，便宜的に動詞文であっても扱うことにする。

次に，Frajzyngier et al.(2002)が修飾，題述の両方の構造を並置で示す言語はない，としている点にも問題があると考える。すなわち，後でみるようにそのような言語(もしくはそれに近い状況の言語)は存在する。Frajzyngier et al.(2002)によれば，そのような言語ではあいまい性が生じ，機能的に成立しないはずである。しかし(完全にではないにせよ)ある程度そのあいまい性は回避されると考える。以下にその点について考察する。

まず，並置は文法的な関係を示すのに全く役に立たないわけではない。たとえばSVOのように，一定の文法関係は必ず一定の語順をとる，というように設定されていれば，並置において語順が文法関係を表示するのに機能する。さらに，形態的に単なる並置にみえても，イントネーションをはじめとするプロソディックな要素が機能している場合も考えられる。

次に，文中での名詞が示す「限定度」(西山2003のいう「指示性」)が，構造の解釈に機能しているケースが考えられる。「限定度」とは，おおざっぱにいえば，英語なら定冠詞や不定冠詞でコントロールされる「定性」に近いものと思っていただきたい。

先にみたように，一般にコピュラ文は属性(proper inclusion)と等価(equation)を示すとされている。

属性：(What is Mary's husbund?)
　　　Mary's husbund is a teacher. / *A teacher is Mary's husbund.
等価：(Who is Mary's husbund?)
　　　Mary's husbund is John. / John is Mary's husbund.

ここでなぜ *A teacher is Mary's husbund. が非文であるかを考えると，通言語的に次のことがいえそうである(すでにいわれているかもしれない，西山2003ではコピュラ文の解釈において「指示性」がいかに重要な働きをしているかについて，多くの指摘がなされている)。

・コピュラ文 A is B において，A は B に等しいか，もしくはそれ以上に限定されていなければならない，つまりその限定度において A ≧ B である。集合のベン図を用いて示せば次のようである。

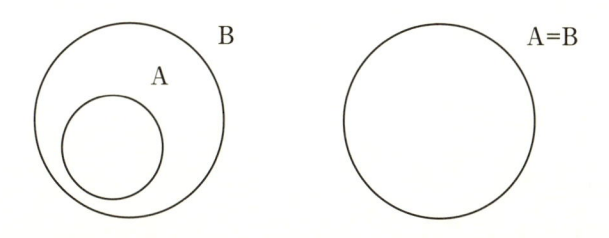

ここで先の英語の例から，コピュラを取り除いたものを考える。

    a. the white flower   b. the flower white

このような表現形式の状況がある言語に観察されるとする。その場合に，先行要素は必ず後項要素を修飾するという語順の原理が指定されていれば，a. は修飾，b. は題述としてあいまい性なく解釈されるはずである（もっとも a. について「その花こそは白さである」とか，b. について「その花の白さ」と解釈される可能性はまだ残されている，しかしこれは常識的に起こりやすい意味で優先的な解釈がなされ，排除されるものと考える）。

ここで b. の the flower において，定冠詞 the が flower の限定度をコントロールしている，ということが重要な働きをしているものと考えられる。

以下では実際にいくつかの言語において，語順の使用や限定度のコントロールがいかに機能しているかについて注目する。

3. コピュラ文（および修飾構造）のとる形態についての通言語的考察

ここで，内心構造であることを明示的に表示する要素をリンカー（繋辞／Linker），外心構造であることを明示的に表示する要素をコピュラと呼ぶことにすると，論理的には世界の諸言語は下記の 4 つのうちのいずれかに分類されることになる。なおここでいうリンカーとコピュラは，独立した語である場合

もあるが，語ではなく optional な接辞や語形変化である場合などもある．

 I. リンカーもコピュラも持たないタイプ
 II. リンカーはあるがコピュラは持たないタイプ
 III. コピュラはあるがリンカーは持たないタイプ
 IV. リンカーもコピュラも共に持っているタイプ

 言い換えれば，II. はリンカーの現れない並置がむしろ積極的に外心構造（題述構造）を表現するようなタイプ，III. はコピュラの非出現による並置が内心構造（修飾構造）を表現するようなタイプである．
 ただし実際にはこのようにきれいに分けられるわけではなく，環境／条件によりリンカーを用いたり用いなかったり，コピュラを用いたり用いなかったりすることが多く観察される．その条件を含め，より詳細な対照を行っていくことは今後の課題である．

 以下では，上記の4つのタイプを順にみていくことにする．
 上述したように，そこでは形容詞的意味の語と名詞の関係について主に考えていくことにする．

3.1. リンカーもコピュラも持たないタイプ
・モンゴル語
 この言語では，［修飾語－被修飾語］の語順を原則としている．したがってリンカーがなくとも，単なる並置によって修飾関係を表すことができる．形容詞は名詞的な性格を持っている．

 (1) a. cənxər təngər
     青い 空
   b. təngər cənxər (baj-dag).
     空は 青い コピュラ - 恒常時制

ここで b. の文が「空の青さ」と解釈されないのは，イントネーションが働いていることと共に，cənxər「青い」が təngər「空」よりも限定度の低い概念であるからだろう。
　次のように主語が指示詞によって限定されている場合には，よりはっきりとコピュラ文として解釈される。

(2) a. ənə   tom   xot.
       これは 大きい 町です　　（もしくは）
       この   大きな 町
    b. ənə xot tom.
       この 町は 大きい

　このようにモンゴル語は 2.3 で示した筆者の仮説を支持する典型的な言語であると考えられる。なお過去や否定では存在の動詞がコピュラとして現れる。名詞間での修飾には属格が用いられる。話者によれば，上記のような文ではさらにイントネーションも機能しているという。
　Frajzyngier et al.(2002) はモンゴル語を，「修飾には並置を用いるが題述には用いない，コピュラを有する言語」に入れている。そこでは属格の例を示しながら，xuŋ bugədə(man/person total number) "all people" のような数量を示す語による構造を並置としてあげ，他方で yum や məŋ をコピュラとしている。しかしこれらの分析は一部の例外的な構造によっていて，この言語の核となる言語事実には即していないものと考えられる。
　なおこの言語では bol(<bol-bol「なる‐条件形」)や，3 人称代名詞起源の n' など，日本語の「は」に近い働きをするコピュラ的な要素があることにも注意する必要がある(風間 2003 も参照されたい)。

・インドネシア語
　この言語では，モンゴル語とは逆に，[被修飾語‐修飾語]の語順を絶対的な原則とする。したがって単なる並置によってやはり修飾構造を示すことができ

る。以下の例は主に牛江(1975)によった。

(3) Hal penting
 　　 こと　重大な
 　　 「重大なこと」
(4) Orang muda itu
 　　 人　　若い　その
 　　 「その若い人」

指示/人称代名詞は修飾構造の一番外側に来る。その後ろに現れた要素は前へ続かなくなるので，指示/人称代名詞は修飾構造を断ち切って，後続要素と外心構造(題述構造)を形成する。このことは，指示代名詞が歴史的にコピュラになり得ることを示唆するものと考える。
　しかもこの言語でもイントネーションが重要な役割を果たしている。

(5) Hal ini penting.
 　　 こと これ 重大な
 　　 「このことは重要です」　(「重大なこのこと」の意にはならない)
(6) Orang itu muda.
 　　 人　それ 若い
 　　 「その人は若い」　　　(「若いその人」の意にはならない)
(7) a. Pulpen ini
 　　　 万年筆　これ
 　　　 「この万年筆」
 　　 b. Ini pulpen.
 　　　 これ 万年筆
 　　　 「これは万年筆です」　(「万年筆のこれ」の意にはならない)

(8) Ini orang utan.
　　これ オランウータン　　　「これはオランウータンです」
　　　　　　　　　　　（イントネーションの表示は降幡(2005: 36)による）

　修飾構造の語順がモンゴル語とは逆なので，話線の進行方向と同じ方向にいくらでも修飾語がおけることになり，コピュラなしではコピュラ文が成立しないような気がするが，このように指示詞で前項の限定度を高めることによってコピュラ文を成立させている。
　形容詞と代名詞は語順が入れ替わっても結合しない。

(9) a. Ini penting.
　　　　これ　重要だ
　　　「これは重要です」
　　b. Penting ini.
　　　　重要だ　これ
　　　「これは重要です」

　副詞と名詞は結合せず，外心構造になる。このことも副詞が歴史的にコピュラになり得ることを示唆しているものと考える。

(10) Air sangat jernih.
　　　水　とても　澄んでいる
　　　「水がとても澄んでいる」
(11) Besi amat keras.
　　　鉄　ひじょうに　硬い
　　　「鉄はひじょうに硬い」

このように，品詞の違いも連続を断って外心構造を形成するのに役立っていることがわかる。

なおこの言語では基本的にコピュラを必要としないが，誤解を避けるためには，adalah, ialah（それぞれ，「持つ」と3人称代名詞に強調辞 -lah のついたもの）が用いられる。他方，連続が断たれる関係の2語を繋ぐためには，関係詞 yang も用意されている。冠詞がない代わりに3人称の接辞 -nya が節や句の形成に重要な働きをしていることにも注意する必要がある。

以上，リンカーもコピュラも持たないタイプでは，修飾構造の語順が決まっていて，イントネーションや限定度の操作がコピュラ文の成立に関わっていることをみた。

3.2. リンカーはあるがコピュラは持たないタイプ
・タガログ語

内心構造ではリンカーをとり，修飾構造において語順は自由である。コピュラは用いない。題述構造では，VS 語順の言語である（例は森口（1985: 40）による）。

(12) magandá-ng babae
　　　美しい　　　女の人
　　「美しい女の人」

(13) babae-ng magandá
　　　女の人　　美しい
　　「美しい女の人」

(14) magandá ang babae.
　　　美しい　冠詞　女の人
　　「あの女の人は美しい」

この言語では，修飾に関して定まった語順がないため，どうしてもリンカーなどの明示的な要素が必要になってくる。またここでも冠詞の存在がコピュラ

の欠如を補って働き，外心構造の形成に役立っていることがわかる。

・（エジプト）アラビア語

［被修飾語－修飾語］の語順をとる。内心構造では定冠詞を一致させる。このとき前の語と次の語の冠詞は連続発音となる（例は小池 1998 による）。

(15) wálad kibír
     少年　 大きい
     「大きな少年」

(16) el -wálad_el -kibír
     その 少年　 その 大きい
     「その大きな少年」

(17) el -wálad_el -kibír kaslán.
     その 少年　 その 大きい 怠け者
     「その大きな少年は怠け者だ」

(18) el -wálad_el -kibír_el -kaslán kaddáb.
     その 少年　 その 大きい その 怠け者 嘘つき
     「その大きな怠け者の少年は嘘つきだ」

インドネシア語やタガログ語とは逆に，この言語では冠詞が連続（修飾関係）の表示として機能し，冠詞の非出現が連続を断つのに機能していることがわかる。なお名詞述語の場合には，やはり 3 人称の代名詞がコピュラ的に働く（松田 1988: 471）。このような言語における修飾構造は，同格をその統語原理としている。

・ロシア語

内心構造では性・数・格の一致が行われる。語順はかなり自由である。つまり修飾語は必ず前から（もしくは必ず後ろから）修飾するというようなシステムは使えない。冠詞もないので，限定度の操作によって連続／不連続を示すこと

もできない(例文は中澤1991による,転写は筆者による)。

(19) odin   moj   dobryj   drug   uznal   eto.
    一人の.単男主 私の.単男主 やさしい.単男主 男友達.単主 知った.単男主 それ
    「一人の私のやさしい男友達がそれを知った」

(20) odna   moja   dobraja   podruga   uznala   eto.
    一人の.単女主 私の.単女主 やさしい.単女主 女友達.単主 知った.単女主 それ
    「一人のやさしい女友達がそれを知った」

このような厳密な一致が語順の自由や冠詞の不在を補って機能している。離れていても両者が修飾被修飾の関係にあることがわかる。

他方,現在時制ではコピュラを用いない。コピュラに準ずる形式のみ若干存在する。ただし形容詞には述語専用の形(いわゆる短語尾形)があって,述語であることを示す機能を持っている。イントネーションもコピュラ文において重要な機能を果たしている。

総じてこの言語には,冠詞など限定度を調整する要素も,独立語としてのコピュラもリンカーもほとんどない代わりに,豊富な屈折語尾による一致がリンカーの機能を果たしていることがわかる。

・漢語

[修飾語－被修飾語]の語順をとる。内心構造では「的」を用いる。名詞文は(狭義の)コピュラ「是」をとり得るが,必須ではなく,口語では並置がふつうである。話者によれば,所有構造などに誤解されるおそれのない限り,ほとんどの場合に省略可能であるという。ちなみに歴史的に「是」が前方照応の代名詞に遡ることについてはすでに多くの指摘がある(Li and Thompson 1977やHengeveld 1992を参照されたい)。

したがって表面上,漢語は「リンカーはあるがコピュラは持たないタイプ」のようにみえる。しかし実際は,内心構造における「XX的」は「的」の働きによって修飾しているのではなく,名詞化して次の語と同格構造をなすもので

あるという。以下は藤堂・相原(1985)による(一部中略)。

　　鮮紅的花。最新的书。ここで注意すべきは，花には白いものも黄色のもあるが，目前にあるのは「まっかなもの(類)」に属するのだととらえ，また，書物には新本も古本もあるが，目前にあるのは「最も新しいもの(類)」に属するのだと認めて，"鮮紅的""最新的"と言っているのですから，この形はいわゆる名詞フレーズなのです。"的 de"という助詞が名詞フレーズを作ることは，すでにのべました。したがって"鮮紅的花""最新的书"などという言い方は，小類を表す名詞フレーズが，あとの大類を表す名詞"花"や"书"の前について，その種類を明示しているのです。この習慣は，中国語では珍しいことではありません。たとえば，"松＋树(マツの木)→松树，鲤＋鱼(コイの魚)→鲤鱼"などは，すべて小類＋大類の形で組立てられているのですから。俗にこの"的"は属性修飾を示す，などと申しますが，"的"はたんに名詞フレーズを組立てているにすぎません。「修飾」という関係は，「小類から大類へ」という習慣に便乗して実現されているのです。

したがってこの言語では「修飾構造」において，［より限定されたもの－より限定されていないもの］という語順が規定されているということになる。
　この言語で数詞は修飾語(中国語学では「定語」)になれない。これは上記の説明から明らかである。

(21)　一个人　　　*一个的人　　　「一人の人」
(22)　很多学生　　*很多的学生　　「たくさんの学生」

このことは，日本語で「*多い人」とはいえないことをも説明する。「大きい人」は「人」全体の集合の部分集合をなすが，「多い人」は部分集合ではない。一般に類型論では英語などの構造を基準に，数詞と名詞の連続を，形容詞による修飾などと等列に，「数詞による**修飾**」と考えるが，これはおそらく通

言語的には正しくない。
　形容詞が述語になるには制約があり，ふつう前に程度を表す副詞を用いなければならない。もっとも良く用いられるのは「很」であるが，このように用いられた「很」における程度を表す働きは弱い。

(23) 这　个　孩子　很　可爱。
　　　この　量詞　子供　很　かわいい
　　　「この子はかわいい。」

程度副詞を用いなければ対比のニュアンスを伴う。

(24) 这　本　书　好，还是　那　本　书　好？
　　　この　量詞　本　よい　それとも　あの　量詞　本　よい
　　　这　本　书　好。
　　　この　量詞　本　よい
　　　「この本の方がよいか？　あの本の方がよいか？」
　　　「この本の方がよい。」

　したがってこの副詞「很」は，連続を断つ働きをしているわけで，コピュラというべきものに近づいている。このことは，程度を示す副詞がコピュラへ発達していく可能性を示唆していると考えられる。
　総じてこの言語は限定度の表示が厳密で，冠詞がない代わりに具体的な事物は指示詞や量詞によって限定度が明示される。したがって限定度の調整と語順によって内心構造と外心構造の表示を処理しているといえよう。topic-prominentな言語（Li and Thompson 1976）とされる所以である。

3.3. コピュラはあるがリンカーは持たないタイプ
・英語
　内心構造では主に［修飾語－被修飾語］の語順をとり，外心構造ではコピュラ

を用いる。

(25)　An/The interesting book　⇔　The book is interesting.

　ただし2語以上の修飾句／修飾節では「被修飾語－修飾句／節」の語順をとる。名詞句内には若干の数による一致がある(this/these など)。
　この言語では，名詞句の一番外に位置する冠詞と，必須で明示的なコピュラの存在，そして[修飾語－被修飾語]の語順，の3つが主に内心構造と外心構造の表示を処理しているといえよう。

3.4.　リンカーもコピュラも共に持っているタイプ

　北米インディアン諸語のうちの多くの言語，朝鮮語，ニブフ語，アイヌ語など，「形容詞」が動詞的な性格を持ち，しかも孤立語的ではない言語(「形容詞」が「用言」の下位分類に属する言語)では，「形容詞」が一定の文法カテゴリー(人称やテンス等)を表示するのがふつうである。したがってこのタイプの言語は必然的に本稿でいうコピュラを持つことになる。内心構造を形成する際にも一種の関係節化を必要とすることになり，こうした言語は，基本的に本稿でいうリンカーもコピュラも共に持っているタイプに属するものと考えられる。なお世界の諸言語において，形容詞的意味の語が名詞的であるか動詞的であるかについては松本(2007)に詳しい考察がある。
　この節では，形容詞が名詞的な性格を持つペルシャ語をみた後，形容詞が用言に属する日本語をみる。さらにエスキモー語とコリャーク語をみる。両言語は，いわゆる複統合的な言語であり，形容詞的な意味の要素が1語の中に取り込まれる点で，これまでみてきた言語とはその性格が大きく異なっている。

・ペルシャ語
　内心構造ではエザーフェ(一種のリンカー)が使われる。[被修飾語－修飾語]の語順を原則とする(例文は亀井・河野・千野(編)(1996: 116)および岡崎(1982: 31)による)。

(26) xāne-*ye*　　bozorg-*e*　　qadīmī-*ye*　　qermez
　　　家-エザーフェ　大きい-エザーフェ　古い-エザーフェ　赤い
　　　「大きくて古くて赤い家」

(27) īn　gol　sorx　ast.
　　　これ　花　赤い　be動詞3人称単数
　　　「この花は赤い」

(28) īn　gol-*e*　　sorx　ast.
　　　これ　花-エザーフェ　赤い　be動詞3人称単数
　　　「これは赤い花だ」

このように，エザーフェを用いないことは，積極的に修飾被修飾の連続を断つ働きをする。ただしコピュラは存在する。

・日本語
　内心構造では［修飾語－被修飾語］の語順をとる。修飾語である形容詞は次に続くか，何に続くか，切れるか，をその語尾によって表示する（下記の例における下線部）。すなわち形容詞は活用し，動詞と共に活用する語類である「用言」を形成する。外心構造では形容詞の語尾「-い」のみならず，（任意の要素ではあるが）「は」，「です」もコピュラ的な働きをする。

(29)　古くて　赤くて　大きい　家
(30)　その家（は）　　古くて　大きい（です）

　日本語のようなタイプの言語では，テンスやムードと並んで，いわゆる「きれつづき」が用言にとって必須の屈折範疇となっている。このことは強固な［修飾語－被修飾語］の語順と相俟って，この言語の内心/外心構造の表示のシステムを形成している。
　「だ/です」に関しては方言差があり，九州にみられる諸方言のようにこれを用いない方言もあれば，長野など中部の方言のように動詞述語にも直接これ

を連接させる方言もある。

　他方、「は」に当たる要素はおそらく全ての方言に存在するものと考えられる。「は」が「二分・結合」の機能を有することは日本語学の分野で古来指摘されてきた(西山(2003: 357)参照)。これまで上記の諸言語の例をみてくるとわかるように、コピュラの機能とはまさしくこの「二分・結合」である。これをもう少していねいにいうならば、「統語的には二分し、情報構造の面では結合させる」働きといってよいのではないだろうか。

　さらに「は」に似た機能を果たすものには「なら」や「って」があり、これらの使い分け等についてはさらなる整理・検討が必要であると思われる。「なら」が動詞「なる」の条件形から文法化した点にも注意したい。

・エスキモー語

　以下のエスキモー語に関する記述および例文は宮岡(1978: 64-75)によった(なお表記は正書法のものに変えた)。

　形容詞的意味の語(この言語では基本的に動詞)による名詞修飾には2つの方法がある。

A. 語彙的接尾辞による。なおここでいう語彙的接尾辞は、独立語とは語源的に関係がない。下記の例における(31)と(34)の「大きい」、(32)と(35)の「小さい」を示す語と接尾辞の間に、音形の上で類似がないことに注意されたい。

B. 同格関係で分析的に(2語で)表現する(格と数の一致を伴う、形容詞の多くは動詞として振る舞うので、まずV>N接辞(-lria)で名詞にしてから同格に置く。ただし「新しいもの」と「古いもの」はそのまま同格に置く)。

[Aのタイプ]

(31)　qayar-pak-ø
　　　カヤック - 大きい - 絶対格単数
　　「大きいカヤック」

(32) qayaa-cuarr-ø
    カヤック - 小さい - 絶対格単数
    「小さいカヤック」

[Bのタイプ]

(33) nutaaraq-ø   qayaq-ø
    新しいもの - 絶対格単数   カヤック - 絶対格単数
    「新しいカヤック」

Aのタイプを用いるべき形容詞的意味を表現するのに，Bのタイプのやり方を用いることも可能であるが，これらは話者によれば，「子供っぽい表現」，「エスキモー語らしくない表現」であるという。

(34) ??ange-lria-ø   qayaq-ø
    大きい - 名詞的分詞形成 - 絶対格単数   カヤック - 絶対格単数
(35) ??mike-lria-ø   qayaq-ø
    小さい - 名詞的分詞形成 - 絶対格単数   カヤック - 絶対格単数

外心構造の場合，他の動詞同様，時制や人称による活用形をとる。

(36) una   qayaq-ø   mikk-uq.
    この   カヤック - 絶対格単数   小さい -3 人称単数現在
    「このカヤックは小さい」

なお名詞を述語にする場合には，やはり接尾辞で名詞を動詞化することによってこれを表現する。

・コリャーク語

以下のコリャーク語に関する記述および例文は呉人(1997: 16)によった。
この言語でも，やはり名詞の修飾には2種類の方法がある。

A. 修飾部に当たる名詞，形容詞，動詞，副詞のひとつあるいはそれ以上の語幹を被修飾部の名詞に合成する方法。
B. 修飾部と被修飾部を名詞句として分析的に表現する方法(数と格の一致を伴う)。

［Aのタイプ］
(37) mejŋ-ə-wejem-ti
　　　大きい - 挿入 - 川 - 双数
　　　「2つの大きな川」

［Bのタイプ］
(38) nəmejəŋqine-t　wejem-ti
　　　大きい - 双数　　川 - 双数
　　　「2つの大きな川」

　Aの方法はエスキモー語に似ているように感じるかもしれないが，エスキモー語の形容詞的要素はあくまで独立語とは別の接辞であるのに対し，コリャーク語の場合は独立語同士の複合であって，形態的な資格が全く異なる。
　なお，形容詞は単独で現れる場合にはもっぱら述語的に用いられ，数と人称で変化する。

3.5. 形態の通言語的考察についてのまとめ

　ここではまず上にみてきた諸言語におけるコピュラとリンカーの表現形態について整理する。
　まずリンカーもコピュラも持たないタイプでは，修飾語と被修飾語の語順が基本的に決まっている。イントネーションも重要な役割を果たしている。
　次にリンカーやコピュラを持つ言語についてみれば，次のようなことがいえるだろう。
　コピュラに対して，リンカーが言語によってきわめて多様な有様を示すことがわかる。コピュラが十分に発達していない言語の場合，修飾構造の連続を断

つために人称代名詞(モンゴル語など),指示詞(インドネシア語),程度副詞(漢語),などが機能している例がみられた。これらは歴史的にコピュラに文法化し得る要素であると考える。またこれらは限定度の問題と深く関わっていることをみた。

　他方リンカーは,タガログ語のリンカーやペルシャ語のエザーフェ,日本語の連体形,アラビア語の冠詞の一致,ロシア語の性・数・格の一致,エスキモー語の語彙的接辞,コリャーク語の抱合,など,きわめて多様である。この中にはロシア語やアラビア語など,基本的に一致による同格をその統語原理とする言語と,そうでない言語の2つがあることにも注意したい。

　並置の使用という観点からみれば,インドネシア語とペルシア語がもっとも対極的であるといえよう。すなわちインドネシア語ではある2つの要素を並置すれば修飾関係になり,これを断って外心構造にするためには指示詞が必要である。逆にペルシア語では単に並置すれば外心構造になるので,連結するためにはエザーフェが必要となる。

4. まとめと今後の課題

　言語には,その要素を必ず話線の展開に沿って一方向に並べなければならないという「線条性」の桎梏がある。それゆえ,どの言語も連続を断ち切ったり繋げたりするために一定の要素や方略を用意しているといえよう。また線条性の桎梏を逆手にとって,修飾語と被修飾語の順序を固定し,これを軸にその言語の文法体系を形成している言語もある。他方,情報構造の観点からみれば,限定性に関する語順を固定したり,冠詞などで調整することによって連続/不連続を制御している言語もあることがわかる。

　動詞文や動詞のカテゴリーなどについては多くの研究がなされているが,コピュラ文およびその周辺についての研究はまだまだ遅れているように思う。これはひとつには英語などでコピュラが動詞の一種であるために,コピュラのない言語や,その他の形態によっている言語が軽視されているためではないかと思う。先に述べたような線条性の桎梏,連続と非連続の表示などの観点から,諸言語のコピュラ文を見直していくことが必要だろう。またその際には,修飾

構造や所有構造など，その言語の他の構造との関係も考慮しつつ，その言語全体の体系の中でコピュラ文がどのような位置を占めているかについても十分に注意を払う必要があるだろう．

　アイヌ語の2項述語であるコピュラや，ハワイ語，タイ語，スペイン語におけるコピュラの使い分け，諸言語におけるウナギ文の可能性，などについても今後研究していく必要がある．なお，タイ語をはじめとする東南アジア大陸部の言語のコピュラについては，三上(1985)および三木(1997)が参考になる．

参照文献

Frajzyngier, Zygmunt, Holly Krech, and Armik Mirzayan (2002) Motivation for copulas in equational clauses. *Linguistic Typology* 6: 155–198.
降幡正志 (2005)『インドネシア語のしくみ』東京：白水社.
Hengeveld, Kees (1992) *Non-verbal predication: Theory, typology, diachrony. Functional grammar series 15.* Berlin: Mouton de Gruyter.
亀井孝・河野六郎・千野栄一（編）(1996)『言語学大辞典　第6巻』東京：三省堂.
風間伸次郎 (2003)「アルタイ諸言語の3グループ（チュルク，モンゴル，ツングース）及び朝鮮語，日本語の文法は本当に似ているのか：対照文法の試み」アレキサンダー・ボビン／長田俊樹（編）『日本語系統論の現在』日文研叢書31: 249-340. 京都：国際日本文化研究センター.
小池百合子 (1998)『3日でおぼえるアラビア語』東京：学生社.
呉人惠 (1997)「コリャーク語の名詞の合成形と分析形」『北海道立北方民族博物館研究紀要』6: 9-30. 網走：北海道立北方民族博物館.
Li, Charles N. and Sandra A. Thompson (1976) Subject and topic: A new typology of languages. In: Charles N. Li (ed.) *Subject and topic*, 457–489. New York: Academic Press.
Li, Charles N. and Sandra A. Thompson (1977) A mechanism for the development of copula morphemes. In: Charles N. Li (ed.) *Mechanisms of syntactic change*, 419–444. Austin, TX: University of Texas Press.
松田伊作 (1988)「アラビア語」亀井孝・河野六郎・千野栄一（編）『言語学大辞典　第1巻』462-470. 東京：三省堂.
松本克己 (2007)『世界言語のなかの日本語：日本語系統論の新たな地平』東京：三省堂.

三上直光 (1985)「タイ語, ラオス語, カンボジア語の copula について」『慶應義塾大学言語文化研究所紀要』17: 167-181.
三木望 (1997)「ビルマ語のコピュラ文と *né* について」『神戸英米論叢』11: 25-47.
宮岡伯人 (1978)『エスキモーの言語と文化』東京：弘文堂.
森口恒一 (1985)『ピリピノ語文法』東京：大学書林.
中澤英彦 (1991)『はじめてのロシア語』講談社現代新書1054. 東京：講談社.
西山佑司 (2003)『日本語名詞句の意味論と語用論：指示名詞句と非指示名詞句』東京：ひつじ書房.
岡崎正孝 (1982)『基礎ペルシア語』東京：大学書林.
Pustet, Regina (2003) *Copulas: Universals in the categorization of the lexicon. Oxford studies in typology and linguistic theory.* New York: Oxford University Press.
藤堂明保・相原茂 (1985)『新訂 中国語概論』東京：大修館書店.
牛江清名 (1975)『インドネシア語の入門』東京：白水社.

「体験」型デキゴトをめぐる研究の経緯と新展開

定延利之

要旨 本稿は，デキゴト表現の研究文脈に「体験」という考えを筆者が導入した経緯をまとめるとともに，「体験」型デキゴトをめぐる新たな研究の展開を示そうとするものである。結論は以下2点である。第1点：デキゴト表現研究が伝統的に想定していなかった，時間の推移のない静的なデキゴトが存在する。益岡隆志氏の「静的事象」はこれをいち早く記述したものと位置づけられる。時間の推移のない状態がデキゴト(静的事象)として成立するのは，それが「体験」として表現されればこそである。第2点：タ形変化文のような動的なデキゴトの語りに関するこれまでの記述をさらに進めるには，「体験」と「知識」の区別に基づき，体験者の特権性に注目する必要がある。

1. はじめに

本稿は，デキゴト表現の研究文脈に「体験」という考えを筆者が導入した経緯をまとめるとともに(第2節)，「体験」型デキゴトをめぐる新たな研究の展開を示そうとするものである(第3節)。

2. 「体験」概念が導入された経緯

この第2節では，従来のデキゴト表現研究におけるデキゴト観を振り返りながら，そこに「体験」という考えを筆者が導入した経緯をまとめる。

2.1. 力に基づくデキゴト

伝統的なデキゴト表現研究において，デキゴトは，力のやりとりや力の発散といった，力に基づく形でモデル化されるのがふつうであった．タルミーの「フォース・ダイナミクス」(Talmy 1976, 1985)，クロフトの「コーザル・チェイン」(Croft 1991, 1998)，ラネカーの「ビリヤードボール・モデル」(Langacker 1991)といったモデルがその例である．

これらの考え方では，たとえば「一郎が二郎を殺す」という文で表現されるデキゴトは，図1のように，「一郎が二郎に(殴るなどして)力を加え，その力を受けることで二郎が，生の状態から死の状態に変化すること」として捉えられる[1]。

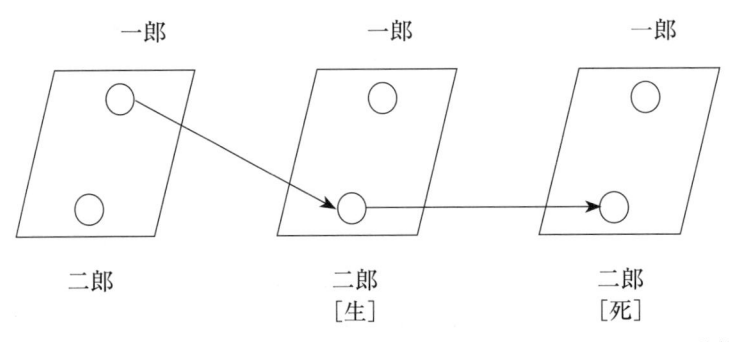

```
        一郎              一郎              一郎
         ○                ○                ○


         ○                ○                ○
        二郎              二郎              二郎
                          [生]              [死]

時点T1における状態1   時点T2における状態2   時点T3における状態3
```

図1：力に基づくデキゴト観([一郎が二郎を殺す]の場合)

このようなデキゴトは，初期状態(図1で言えば左端の，一郎が力を持っている状態1)から中間的状態(図1中央の，二郎がその力を受け取っている状態2)へ，さらに終期状態(図1の右端の，二郎が[生]から[死]へ変化することで，受け取った力を発散した状態3)へという状態の進展，つまり時点T1から時点T2へ，さらに時点T3へという時間の推移を内包している．時間の推移がな

---

[1] ここでは各モデル間の細かな違いは捨象してあることを断っておく．

ければ，このようなデキゴトは成立しない。

2.2. 状態の自然な進展というデキゴト

力に基づくデキゴト観の有効性を認めながらも，筆者はそれがいわゆる「する」的なデキゴト(寺村 1976，池上 1981)しかカバーしておらず，「なる」的なデキゴトの表現の諸特徴を説明するには別のデキゴト観が必要であると論じてきた。そして，「なる」的なデキゴトのために，図2のような，力のやりとりや発散とは関係しない状態の自然な進展によるデキゴトモデル「カビ生えモデル」を提出した(Sadanobu 1995，定延 2000)。

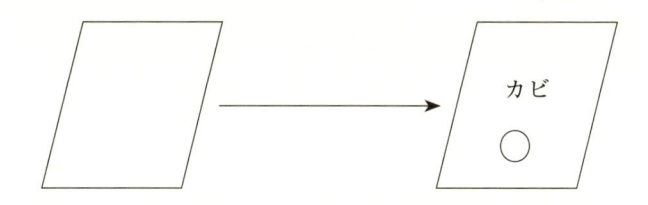

```
┌─────────┐        ┌─────────┐
│         │        │         │
│         │  ───→  │   カビ   │
│         │        │    ○    │
└─────────┘        └─────────┘

時点 T1 における状態1        時点 T2 における状態2
```

図2：状態の自然な進展に基づくデキゴト観([カビが生える]の場合)

たとえば「カビが生えた」と言う時，話し手が脳裏に浮かべているイメージはふつう「何かがカビに力を与えて生じさせた」あるいは「カビがカビ自身に再帰的に力を与えて自らを生じさせた」などというものではなく，ただ自然にそうなった，というものである。カビ生えモデルはこのようなイメージを反映したデキゴトモデルであり，デキゴトの初期状態(図2左側の，何もない状態1)から終期状態(図2右側の，カビが生えている状態2)へという状態の進展が力とは関わっていないという点に特徴がある。

だが，力と関わらない自然なものであっても，状態が進展するにはやはり時点 T1 から時点 T2 へという時間の推移が必要である。つまりカビ生えモデル的なデキゴト観もやはり，時間の推移を内包している。

時間の推移がない，「一瞬」の静的なデキゴトには，ほとんど目が向けられ

てこなかった。従来のデキゴト表現研究の文脈では，そもそも静的なデキゴトというものが基本的に想定されていなかった。

2.3. 益岡(1987)の「静的事象」

デキゴト表現研究においてその意義が問われることはこれまでなかったが，一部の日本語研究，具体的には益岡(1987)は，静的なデキゴトを認めていた。益岡(1987)の「静的事象」についてここで述べておく。

益岡(1987)の「静的事象」とは「或る時空間に存在する静的な事態」(p. 27)とされている。静的事象叙述の文には，下の(1)(2)のような名詞述語文(p. 27)，(3)～(7)のような形容詞述語文(pp. 29-30, 37)のほか，(8)(9)のような動詞述語の文(pp. 27-28)もあるが，動詞述語は少数とされている。

(1) 明けがた目をさまして見ると，おもいがけない吹雪だった。
　　　　　　　　　　　　　　　　　　　　　　　　［堀辰雄「信濃路」］
(2) タンスが丸焼けだったんだもの。　　　　　［松本清張「雑草群落」］
(3) 今度は少し広い部屋がほしいわ。　　　　　［松本清張「雑草群落」］
(4) 車窓に迫った山の新緑の色が美しい。　　　　　［松本清張「砂の器」］
(5) 山に遮られた島の南側には風がなかった。　　　［三島由紀夫「潮騒」］
(6) 庄平は素早くあたりを見まわしたが，通行人は少なかった。
　　　　　　　　　　　　　　　　　　　　　　　［松本清張「雑草群落」］
(7) 社会人の生涯教育機関として，昼夜，土日曜日でも授業が受けられるようにすべきだ，との考え方が支配的だ。
　　　　　　　　　　　　　　　　　　　　　　［朝日新聞　1985・3・3・23］
(8) その近くにＴ大のロケット研究所がある。　　　［松本清張「砂の器」］
(9) 今度は左手の海の向こうに，九州の灯がかすかに見える。
　　　　　　　　　　　　　　　　　　　　　　　［司馬遼太郎「胡蝶の夢」］

動詞述語が少数という，述語の品詞的な偏りは，叙述の類型と関係がある。益岡(1987)では静的事象叙述は，動的事象叙述ほど事象叙述らしくはなく，い

くぶん属性叙述の性質を持つとされている²。

2.4. 動的・静的の区別を越えて

ここで，存在場所を表す名詞句に後接する格助詞「に」と「で」を見てみよう。庭における木の存在を表す文として，「庭」に「に」が後接した文(10a)は自然で，「で」が後接した文(10b)は通常は不自然である(詳細は定延 2004b を参照)。(文(10b)先頭の「??」印はこのことを示すものとする。以下も同様。)

(10) a. 庭に木がある。
b. ??庭で木がある。

ところが，庭におけるパーティの存在(つまりパーティが行われること)を表す文として，「に」の文(11a)は不自然で，「で」の文(11b)が自然である。

(11) a. ??庭にパーティがある。
b. 庭でパーティがある。

木とパーティに関するこのような違いは，「モノの存在場所を表す名詞句には「に」は後接できるが「で」は後接できない」「デキゴトの存在場所を表す

---

² 但し，注意を要するのは，益岡(1987)には「事象(出来事や静的事態)」という文言が見られるように(p. 21)，「静的事態」(=「静的事象」)が「出来事」とは別物とされている，ということである。これまでのデキゴト表現研究が論じてきたもの(つまり「デキゴト」)がそのまま益岡(1987)の「出来事」に相当すると考えれば，益岡(1987)はもはや静的なデキゴトの存在を指摘したものとは言えなくなる。だが，李(2009)でも指摘されているように，そもそも「デキゴト」「事態」「事象」「コト」あるいは"event"といった根本的な術語の意味用法が研究者間でずれていることは決して珍しくない。筆者の理解では，益岡(1987)の「出来事」とは「動的事態」の別称であり，これまでデキゴト表現研究において論じられてきたもの(つまり「デキゴト」)は，益岡(1987)の「出来事」ではなく，益岡(1987)の「動的事象」と「静的事象」を一まとめにした「事象」に相当する。益岡(1987)の静的事象論が先駆的なデキゴト論と位置づけられるのは，この理解に基づくものであることを断っておく。

名詞句には「で」は後接できるが「に」は後接できない」という形でまとめることができる(定延 2004b)。木の存在を表す文として「に」の文(10a)が自然である一方、「で」の文(10b)が不自然なのは、木がモノだからである。パーティの存在を表す文として「に」の文(11a)が不自然で「で」の文(11b)が自然なのは、パーティが開始され、展開し、終了するデキゴトだからである。もちろん木も成長し、やがて枯れていくという転変はあるが、転変の速度が遅く、日常あまり意識されないのでデキゴトとは捉えられない。

　ここで注意が必要なのは、状態とデキゴトの区別である。状態はデキゴトの一種ではない。もしも状態がデキゴトの一種なら、文(10b)は[木がある]という状態つまりデキゴトが庭において成立しているのだから自然なはずである。それはちょうど、庭においてデキゴト[タバコを吸う]が成立している場合、それを表す次の文(10c)が自然であるのと同じ理屈である。

(10) c. 庭でタバコを吸う。

　だが、実際には文(10c)と違って文(10b)は不自然である。このことが示しているのは、[木がある]のような状態はデキゴトではないということである。
　ところが、いま示した「状態はデキゴトではない」ということは、実は常には成り立たず、状態がデキゴトになる場合もある。たとえば「いくら世界は広いといっても、4色ボールペンのような便利なものは、結局、日本にしかないだろうね」と言う相手に対して、北京から帰ってきたばかりの人間が返答する際の文としては、「に」の文(12a)だけでなく、「で」の文(12b)も相当数の話者にとって自然である。

(12) a. 4色ボールペン、北京のイトーヨーカドーにありましたよ。
　　 b. 4色ボールペン、北京のイトーヨーカドーでありましたよ。

これらの話者の直観によれば、4色ボールペンというモノの存在場所を表す名詞句「北京のイトーヨーカドー」には「で」が後接可能ということになる。こ

れは，[4色ボールペンがある]という状態が，状態であるだけでなく，デキゴトでもあるということである。実例を(13)に挙げる。

(13)　PS3 が結構売れ残っているっていう噂をきいたことがあるんですが，本当でしょうか？都内では見たことないんですが。
　　　　　　　　　（質問日時：2007/1/5 14:39:14 質問番号：10,419,930
　　　　　　　　　　　　　　　　　　　　　質問した人：rondakai さん）
　　<u>きのうゲオでありましたよ!!</u>
　　　　　　　　　（回答日時：2007/1/5 21:13:49 回答番号：33,957,931
　　　　　　　　　　　　　　　　　　　　　回答した人：ss_turbo1800 さん）
　　[調査日：2008 年 5 月 27 日，http：//detail.chiebukuro.yahoo.co.jp/qa/
　　question_detail/q1010419930，下線は定延による。以下も同様。]

(13)は「YAHOO 智恵袋」という，インターネット上でネットユーザどうしが情報を交換するサイトから採ったものである。PS3 というゲーム機が売れ残っているという噂の真偽を確かめようとする rondakai 氏の質問に対して ss_turbo1800 氏は，PS3 が昨日ゲオという店舗に存在した，という返答を寄せている（下線部）。この返答では，PS3 というモノの存在場所を指示する名詞句「ゲオ」に「で」が後接している。これは，[PS3 がある]という状態が，状態であるだけでなくデキゴトでもあるせいである。

　以上では，状態が「動的事象」並みにデキゴトになり，存在場所を表す名詞句に「で」が後接可能になる現象を見たが，では，状態はどのような場合に，なぜデキゴトになるのか？　筆者が得た結論は次のようなものである。
　(12b)や(13)の「で」の文に共通しているのは，一般的な「知識」ではなく「体験」が語られているということである。（「知識」「体験」は情報共有可能性の高さ（知識），低さ（体験）によって定義される用語だが（定延 2002b），ここでは常識的な理解でもとりあえずは差し支えない。）4色ボールペンや PS3 は何よりもまず話し手の目の前に存在しており，(12b)(13)で表されているのは，話し手がそれを目撃体験しているということである。状態は，たしかにそれじ

たいでは状態でしかないが，私たちがその状態を体験する，つまり生きることによって，その状態は私たちの人生の一部となる。私たちの人生は，一瞬一瞬の［生きている］というデキゴトの積み重ねである。したがって，時間進展のない一瞬の状態でも，体験として表現すればデキゴトになる[3]——以上の結論は，存在場所の表現以外にも，頻度語，同類多数の「ばかり」，「たら」条件文，いわゆる「発見の「た」」を観察する中で確かめられてきたものである（定延 1999, 2001a, 2001b, 2001c, 2002a, 2002b, 2003a, 2003b, 2004a, 2004b, 2008）。

この結論は，少なくとも現代日本語共通語のデキゴト表現研究が「動的（つまり時間の推移を含む）か，静的（つまり時間の推移を含まない）か」という違いを絶対視すべきでなく，動的・静的の区別を超えてデキゴトを認定する必要があることを示している。「動的事象」と「静的事象」から構成される益岡（1987）の「事象」という考え方は，まさにそのようなものとして理解できる。そして，上述した筆者の一連の考察は，このようなデキゴト観の妥当性を，存在場所の表現をはじめとする日本語のさまざまなデキゴト表現の記述を通して示し，中心的な概念として「体験」を提出したということになる。

2.5. 知識と体験

状態が場合によってはデキゴトであるという，上で述べた結論は同時に，「知識」〜「体験」という，これまでの文法研究ではほとんど浮上してこなかった新たな尺度を我々が考える必要性を示している[4]。状態は知識として表現され

---

[3] もちろん，北京帰りの話者は「で」の体験表現(12b)だけではなく，「に」の知識表現(12a)を発することもできる。このことからわかるように，ここで「体験」「知識」と呼び分けている区別は，情報それじたいの区別（［北京のイトーヨーカドーにおいて4色ボールペンが存在する］という情報は，話し手が体験によって得た情報か，知識として得た情報か）ではなく，あくまで表現ないし発話行為の型の区別（北京のイトーヨーカドーにおける4色ボールペンの存在を，話し手は体験として語るか，知識として語るか）である。

[4] 本稿の「知識」「体験」と似て見えるものに，「間接的証拠」「直接的証拠」という証拠性(evidentiality)の2分法（たとえばDe Haan 2001）があるが，両者は同じものではない。たとえば，誤字があちこちに視認できるということ，つまり誤字の存在に関して視覚的な直接的証拠があるということが，初めて読み始めた分厚い報告書についてなら

ればただの状態でしかない。それが静的事象つまり静的なデキゴトになるのは，体験として表現されればこそである。

　これまでのデキゴト表現研究，ひいては文法研究一般は，知識に目を向けるあまり，体験に光を当てることはほとんどなかった。だが上で見たように，体験の表現は，少なくとも「状態はデキゴトでもあるのか否か」という一点において知識の表現とは文法が違っている。これまでの文法研究は知識の表現(より具体的には(10b)の不自然さ)はよく説明できても，体験の表現((12b)(13)の自然さ)については説明できないことが多い。体験を集中的に考察すれば，文法研究を大幅に進展させることができるのではないだろうか。

　「状態はデキゴトでもあるのか否か」という論点に集中していたため，筆者がこれまで取り上げてきた体験の多くは，時間の推移を伴わない静的な状態であった。たしかに，人生の一部として過ごされる一瞬一瞬の状態は，体験の最も原始的な形態と言える。だが，体験それじたいが時間の推移と相容れないわけではない。体験の中には時間の推移を伴う動的な体験も存在する。その一部の表現については観察したが(定延 2006a)，それは「やり過ごす」「かわす」「訪れる」「来る」など，特定の述語の文に関する限定的なものであった。

　そこで本稿以下では，体験型デキゴト研究の新しい展開として，主節末が過去あるいはパーフェクトの「た」で言い切られている変化(つまり動的事象)の文(以下「タ形変化文」と仮称)[5]に目を向ける。「知識」と「体験」の区別をタ形変化文の観察に持ち込むことは，タ形変化文に関するこれまでの記述をさらに進める上で有益だということを示したい。

「この報告書には誤字がしょっちゅうある」のように「しょっちゅうある」と表現しやすい一方で，自作の短歌１首を短冊に書き写す際，文字をいろいろ間違えたという場合は「??この短冊には誤字がしょっちゅうある」が不自然なように「しょっちゅうある」と表現しにくい。このように「体験」の表現の自然さが探索意識さらには体感の強さに影響されることは，直接的証拠とは別の問題である。

[5]　この「た」の意味は，筆者の考えでは過去だが，紙面の都合上，本稿では「過去かパーフェクトか」という論点には立ち入らないため，「過去あるいはパーフェクトの「た」」と記している。また，ここでの「「た」で言い切られている」とは，「た」の後に「ねえ」などの文末のことばが続くことを除外しないものとする。

3. タ形変化文

「新しい展開」とは言っても，ここで問題にしようとする事柄が従来まったく研究されていなかったというわけではない。具体的には，鈴木(1979)と井上(2001)によって重要な観察がなされており，本稿はそれらの研究蓄積にわずかな付け足しを試みるものにすぎない。だが，タ形変化文が日本語においてきわめて基本的な文の一つと考えられることからすれば，従来の記述は驚くほど乏しいと言わざるを得ず，これも体験に対するこれまでの意識の低さの反映と考えられる。以下，まず鈴木(1979)・井上(2001)を紹介する。

3.1. 体験者の特権性

タ形変化文に関する鈴木(1979)の観察とは，次の(14)のようなものである。

(14) たとえば，山小屋を見て，
　267a) この山小屋はいたんだね。
　　　b) この山小屋はいたんでいるね。
と，どちらでもいえる。ただし，その意味はおなじではない。a は以前のいたんでいない状態からの変化をふくんでいるが，b はかならずしもそうではない。はじめてみた山小屋についても b は可能であるが，a は不可能である。　　　　　　　　　　　　　　［鈴木 1979: 47］

この鈴木(1979)の観察は，筆者の理解によれば，少なくとも以下2点の意義を持っている。

第1点は，「この文を発する権利は誰にあるか」という考えを持ち込んでいる点である。従来，この考えは語用論では見られても，文法研究に持ち込まれることはほとんどなかったが[6]，こうした権利の考察は文法研究を進めていく上で役立つことが少なくない。タ形変化文の分析において体験概念の有効性を

---

[6] わずかな例外には，いわゆる「感情述語の人称制限」(Kuroda 1973)や「情報のなわ張り」(神尾 1990)がある。いずれも本稿の考察と関係するものだが紙面の都合で言及しない。

探ろうとする本稿においても，タ形変化文（具体的には(14)における文267a））の発出をリピーター（つまり山小屋の体験者[7]）にしかできない特権的な発話行為とする鈴木(1979)の観察は重要な道しるべとなっている。

第2点は，このような体験者の特権性が，「人が文を断定調で言い切れるのは，その文の情報に確信を持っている場合に限る」といった，いかにももっともらしい「情報の確信度」の考えでは説明できないということが，（本文では何も書かれていないものの）わかりやすい例文で示唆されている点である。いま初めて訪れた山小屋はいたんでいるが，過去の或る時点ではいたんでいなかったということは理の当然であり，誰でも確信できる事柄だろう。それにもかかわらず「この山小屋はいたんだね」は誰にでも言えるわけではなく，この文を発する権利を持つのはいたんでいなかった状態を体験した者に限られる。これは，情報の確信度という考えでは説明できない。

たしかに，「いまいたんでいる山小屋が，過去に遡ればいたんでいないということは理の当然などではない。いたんだ材料で山小屋を造れば，山小屋はできた当初からいたんでいる。だから，いまいたんでいる山小屋が昔，いたんでいなかったという確信は，理屈では持てない。この確信を持てるのは，昔のいたんでいなかった山小屋を体験した者だけなので，体験者の特権性は情報の確信度から説明できる」という反論はあるかもしれない。

だが，この反論には問題がある。この反論の立場からすれば，過去の山小屋の状態を体験しておらず，「この山小屋はいたんだね」と言うことにためらいを感じる話者はすべて，この山小屋は最初からいたんだ材料で造られたかもしれないという可能性に思い至っているために確信が持てないのだ，ということになるが，そうした想定は無理があるだろう。

たとえ山小屋の例文についてはこのような反論が辛うじて成り立つとしても，井上(2001)が挙げている次の(15)では，こうした反論の余地はさらに徹底

---

[7] ここで言う「体験者」は厳密には「経験者」と言うべきかもしれないが，本稿では「体験」と「経験」の区別(cf. 定延 2002b, 2006b, 2008)に立ち入る余裕がないので，すべて「体験」で通すことにする。注3における「体験によって」も敢えて「経験によって」とはしていない。

して排除されている。

(15) [「熱いコーヒーを飲みたい」と思いつつ帰宅したら，台所のポットから湯気が出ている]
    a. よし，沸いた。
    b. よし，沸いてる。

水が沸騰している状態をいま見れば，文(15b)は誰でも発することができるが，文(15a)を発することができるのは，水が沸騰していない状態(変化前状態)を体験した者だけである。だが，いま沸騰しているポットの水が世界創造時点から沸騰しており，どこまで遡っても沸騰していない状態がないという可能性はない。以前は水は沸騰していなかったということは誰しも確信が持てるはずである。にもかかわらず，タ形変化文(15a)を発する権利は体験者にしかない。したがって，この体験者の特権性は情報の確信度では説明できない。

3.2. 提案

鈴木(1979)・井上(2001)の観察に基づいて，本稿では，タ形変化文によって，知識が語られる場合とは別に，体験が語られる場合をも認めるという考えを提案したい。

この提案の利点といえばまず，先行研究で強く示唆された体験者の特権性がかんたんに説明できるということである。体験者の特権性は情報の確信度では説明できないが，タ形変化文を体験の語りと考えれば即座に理解できる。知識を語ることは誰にでもできるが，体験を語ることは本来，体験者に固有のものだからである[8](「語る」という用語の説明も注8を参照されたい)。

---

[8] たとえばPS3を求めて某国に近々旅立つかもしれないという相手に対しても「その国でPS3があったらいいね」などと言えるように，つまり，対話相手が未来に行うかもしれない[某国にてPS3を見いだす(PS3が自分の目の前にある)]という体験を表す際に場所名詞句「その国」に「で」を後接できるように，言語で表現される体験は基本的には仮想的なものであり，いつ，どこの，誰のものでもよい。その限りにおいて，体験は体験者に固有のものではない。だが，それは，「表現する」体験(第2節で扱った体験)についての話である。この第3節で扱っている体験は，「表現する」ものではない。「あ

この提案にはさらに，先行研究では必ずしも明らかにされていなかったタ形変化文の性質に踏み込めるという利点もある。そもそも，タ形変化文には体験者の特権性が見られない場合もある。次の(16)(17)を見られたい。

(16) 例の山小屋に関するこれまでの経緯をかいつまんでご紹介しますと，<u>この山小屋は50年前に建てられましたが，例の震災でかなりいたみました</u>。そこで，3年前に改築案が出たのですが……
(17) ［小学生の理科のレポート］ <u>シリウスBは数十万年前に白色矮星になりました</u>。天文学的に言えば，これはごく最近のことです。

(16)は山小屋に関するこれまでの経緯がかいつまんで紹介されるという発話で，下線部では，先ほどの(14)の「この山小屋はいたんだね」と似た「この山小屋は…いたみました」というタ形変化文が発せられているが，この文の発し手は震災前のいたんでいない山小屋を体験している体験者である必要はない。また，山小屋の例からは離れるが，(17)下線部では，学校に提出するレポートの中で，小学生がシリウスBという星の変化をタ形変化文で述べている。この小学生は，シリウスBがまだ白色矮星になっていない数十万年以上前の状態を体験してはいないので，体験者ではない。

体験者の特権性がないこれらのタ形変化文は，体験ではなく知識を語るものと説明することができる。本稿の提案はタ形変化文を常に体験関連と位置づけるものではなく，タ形変化文に知識の場合とは別に体験が語られる場合も認めるというものであるから，この説明と何ら矛盾するものではない。(16)(17)のように，体験者の特権性がないタ形変化文が，私的な場面よりも公的な報告の

の時，あそこで，私は……」という追想を踏まえながらも，会話の中で(本心からであれ演技であれ)「いまここでやってみせる」ことであり，体験者固有のものである。(このことには，問題の「た」が文末に位置していることが深く関連している。)「表現する」体験よりもむしろ，「いまここでやってみせる」体験の方が，第2.4節で示した「体験」の定義(情報の共有可能性の低さ)からすれば体験の本来の姿と言える。この点の詳しい考察は別稿に譲る。なお，本稿の「語る」という語は，「表現する」「いまここでやってみせる」を合わせた広い意味で用いている。

場面に現れやすいということは，この説明を支持してくれる。

　タ形変化文に知識とは別に体験が語られる場合を認めるという本稿の提案は，「人はどんな文脈で知識を語り，どんな文脈で体験を語るか」という問題の考察と不即不離の関係にある。上で述べたように，(14)の「この山小屋はいたんだね」や(15a)「よし，沸いた」などのタ形変化文は，体験者だけが特権的に発出できる文であり，変化前状態（山小屋がいたんでいない状態・水が沸騰していない状態）を体験していない非体験者が発する文としては不自然だが，この不自然さも「体験は体験者に固有のものだから」と説明するだけでは実は不十分で，それ以前に「そもそもこれらの文はこれらの状況では知識が語られる可能性が無く，体験が語られる可能性しか無い」というところから説明しなければならない。だが「人はどんな文脈で知識を語り，どんな文脈で体験を語るか」という問題は，（上では(16)(17)について「公的な報告の場面では知識の表現が現れやすい」などとかんたんに述べたものの）未解明の部分を多く残しており，十全な説明は困難なことが多い。こうした事情は，タ形変化文に知識が語られる場合と体験が語られる場合の両方を認める本稿の提案を危うく思わせるかもしれない。

　本稿の提案のこうした危うさを根本的に解消することは現時点ではできない。だが，タ形変化文における体験者の特権性がどのような文脈で生じ，どのような文脈で無くなるかは，やはり体験との関わりを否定できないのではないだろうか。

　たとえば，山小屋を訪れる或る一行があるとしよう。皆，今回が初めてだが，山小屋のそばに，その山小屋についての説明が書かれた昔の立て札が立っている。それを一行の誰かが見つけて皆に聞こえるよう音読した後なら，一行は誰でも次の(18)のように，タ形変化文を発することができる場合がある。((18)では「一行の誰か」による発言が2つ並べられているが，これは同一人物によるものでも2人の人間によるものでもかまわない。)

(18)　一行の誰か：[立て札を音読する]　なになに，「この山小屋が『雪の山小屋』と云われる所以は，そのまばゆい純白の外観が

周囲の山々から雪のように見えるからである。明治30年」、か。
一行の誰か：［どす黒い山小屋を改めて見渡して］『雪の山小屋』ねえ、古くなりましたねえ（笑）。

この文脈は、立て札に書かれた変化前状態[『雪の山小屋』は古くなっていない（まばゆい純白の外観である）]が音読されることで「再現」されて一行に疑似体験され、話し手が山小屋の変化[古くなった]の擬似的な体験者として、体験者の特権を行使しやすくなっている文脈と考えられる。

この「立て札効果」の例のように、文の自然さが体験の表現のしやすさと密接に対応していると思えるケースは少なくない。

4. おわりに

本稿で述べたことは、以下2点にまとめられる。

第1点。デキゴト表現研究が伝統的に想定していなかった、時間の推移のない静的なデキゴトが存在する。益岡（1987）の「静的事象」はこれをいち早く記述したものと位置づけられる。時間の推移のない状態がデキゴト（静的事象）として成立するのは、それが「体験」として表現されればこそである。（第2節）

第2点。夕形変化文のような動的なデキゴトの語りに関するこれまでの記述をさらに進めるには、「体験」と「知識」の区別に基づき、体験者の特権性に注目する必要がある。（第3節）

参照文献

Croft, William (1991) *Syntactic categories and grammatical relations: The cognitive organization of information.* Chicago: University of Chicago Press.

Croft, William (1998) The structure of events and the structure of language. In: Michael Tomasello (ed.) *The new psychology of language: Cognitive and functional approaches to language structure*, 67-92. Mahwah, NJ: Lawrence Erlbaum Associates.

De Haan, Ferdinand (2001) The cognitive basis of visual evidential. In: Alan Cienki, Barbara J. Luka and Michael B. Smith (eds.) *Conceptual and discourse factors in linguistic atructure*, 91-105. Stanford, CA: CSLI.

池上嘉彦 (1981)『「する」と「なる」の言語学：言語と文化のタイポロジーへの試論』東京：大修館書店.

井上優 (2001)「現代日本語の「タ」：主文末の「タ」の意味について」つくば言語文化フォーラム（編）『「た」の言語学』97-163. 東京：ひつじ書房.

神尾昭雄 (1990)『情報のなわ張り理論：言語の機能的分析』東京：大修館書店.

Kuroda, S -Y. (1973) Where epistemology, style and grammar meet: A case study from Japanese. In: Stephen R. Anderson and Paul Kiparsky (eds.) *A festschrift for Morris Halle*, 377-391. New York: Holt, Rinehart and Winston.

Langacker, Ronald W. (1991) *Foundations of cognitive grammar Vol. II: Descriptive application*. Stanford, CA: Stanford University Press.

李長波 (2009)「『モノ』・『コト』と『事象 event』について」（口頭発表）2009 中日理論言語学国際フォーラム（2009 年 7 月 26 日，於同志社大学）

益岡隆志 (1987)『命題の文法：日本語文法序説』東京：くろしお出版.

Sadanobu, Toshiyuki (1995) Two types of event models: Billiard-ball model and moldgrowth model. *Journal of Cross-Cultural Studies*, 57-110. Kobe University.

定延利之 (1999)「空間と時間の関係：『空間的分布を表す時間語彙』をめぐって」『日本語学』18(9): 24-34.

定延利之 (2000)『認知言語論』東京：大修館書店.

定延利之 (2001a)「探索と現代語の限定系のとりたて」筑波大学東西言語文化の類型論特別プロジェクト研究組織（編）『日本語のとりたて』167-198.

定延利之 (2001b)「探索と現代日本語の「だけ」「しか」「ばかり」」『日本語文法』1(1): 111-136.

定延利之 (2001c)「情報のアクセスポイント」『言語』30(13): 64-70.

定延利之 (2002a)「時間から空間へ？：〈空間的分布を表す時間語彙〉をめぐって」生越直樹（編）『シリーズ言語科学 4　対照言語学』183-215. 東京：東京大学出版会.

定延利之 (2002b)「「インタラクションの文法」に向けて：現代日本語の疑似エビデンシャル」『京都大学言語学研究』21: 147-185.

定延利之 (2003a)「体験と知識：コミュニカティブ・ストラテジー」『國文學：解釈

と教材の研究』48(12): 54-65.

定延利之 (2003b)「インタラクションの文法, 帰属の文法」『中国語学』250: 250-263.

定延利之 (2004a)「ムードの「た」の過去性」『国際文化学研究』21: 1-68.

定延利之 (2004b)「モノの存在場所を表す「で」?」影山太郎・岸本秀樹(編)『日本語の分析と言語類型：柴谷方良教授還暦記念論文集』181-198. 東京：くろしお出版．

定延利之 (2006a)「動態表現における体験と知識」益岡隆志・野田尚史・森山卓郎 (編)『日本語文法の新地平1　形態・叙述内容編』51-67. 東京：くろしお出版．

定延利之 (2006b)「書評　本多啓著『アフォーダンスの認知意味論：生態心理学から見た文法現象』」『英文学研究』LXXXIII: 226-230.

定延利之 (2008)『煩悩の文法：体験を語りたがる人びとの欲望が日本語の文法システムをゆさぶる話』東京：筑摩書房．

鈴木重幸 (1979)「現代日本語の動詞のテンス：終止的な述語につかわれた完成相の叙述法断定のばあい」言語学研究会(編)『言語の研究』5-59. 東京：むぎ書房．

Talmy, Leonard (1976) Semantic causative types. In: Masayoshi Shibatani (ed.) *The grammar of causative constructions* (*Syntax and Semantics, Vol. 6*), 43-116. New York: Academic Press.

Talmy, Leonard (1985) Force-dynamics in language and thought. In: William H. Eilfort, Paul D. Kroeber and Karen L. Peterson (eds.) *Papers from the parasession on causatives and agentivity, Twenty-first regional meeting*, 293-337. Chicago: Chicago Linguistic Society.

寺村秀夫 (1976)「『ナル』表現と『スル』表現：日英『態』表現の比較」寺村秀夫論文集刊行委員会(1993編)『寺村秀夫論文集II：言語学・日本語教育編』213-232. 東京：くろしお出版．

6
中国語における姿勢形成と空間移動
終端プロファイリングによる系列動作統合の視点より

杉村博文

要旨 たとえば話者が机をはさみ眼前に坐る聞き手に対し，自らの横に来て坐るように要請する場合，中国語は「坐过来」とコーディングすることが可能である。しかし，時系列的には「そちらからこちらに来る」という有界転移「过来」が「坐る」という姿勢形成「坐」に先立つため，事象の時系列と「坐过来」という語順の間に逆転が生じている。本稿はこのような現象に対して「終端プロファイリングによる系列動作統合」という事象把握方式を提案し，そのような把握方式にのっとれば，「坐过来」も時系列に合致する語順であることを主張する。

1. はじめに

姿勢の形成に関わる以下のような動詞を姿勢動詞と呼ぶ。

站(立つ)，坐(坐る)，跪(ひざまずく)，蹲(しゃがむ)，躺(横たわる)，趴(腹ばう)，靠(もたれる)，睡(ねる)

このうち「睡」は「躺着」(横たわったまま)のみならず，「坐着」(坐ったまま)，「站着」(立ったまま)，「趴着」(腹ばいになったまま)などさまざまな姿勢をとりえるが，特に指定されなければ，「躺着」が既定値として選ばれる。
姿勢の形成は定位置における身体の瞬間的変化であり，姿勢形成という認知領域の中に異なる二つの地点を結ぶ空間移動は見えてこないはずであるが，時

にそのような空間移動と姿勢動詞の結合を目にすることがある。

(1) a. 他走到石桌前，把梅花放在桌上，……便坐下去。鸣凤走过来，坐在他对面的一个石凳上。桌上的花枝隔在他们中间。觉慧笑了笑，便把花枝拿开，放在右边的石凳上，又指着左边的石凳说："来，坐过来，你为什么不敢挨近我？"　　　　　　　　　（巴金『家』）

この例で「走过来」と「坐过来」は同一人物(鸣凤)の空間移動を指し，「走过来」は下図の点線部に，「坐过来」は実線部に対応する。「走过来」は「歩いて(梅の木の所在地から覚慧のいる石卓の所在地に)やって来る」と表現され，「走」が「过来」という空間移動を実現させる動力となっている。

  b. 走 过 来
    歩く 過ぎる 来る
    '歩いてやって来る'

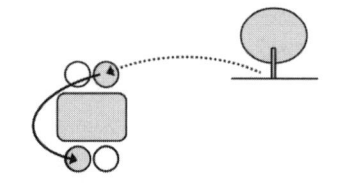

問題は「坐过来」である。「坐」という動詞は定位置における身体の上下運動を表し，異なる二地点を結ぶ空間移動を表すものではない。ところが「过来」は正に異なる二つの地点を結ぶ空間移動を表すものである。

  c. 坐 过 来
    坐る 過ぎる 来る
    'むこうからこちらにやって来て坐る'

「走过来」は「走」と「过来」の語順を変えないで日本語に翻訳することができるが，「坐过来」を翻訳するには「坐」と「过来」の語順を逆転させなければならない。

「坐过来」の「坐」が「站」(立つ)になった例を見てみる。

(2) a. 我和新玲马上就要结婚了。(新玲站过来拉着他的手)

(苏叔阳『左邻右舍』)

　　b. 站　　过　　来
　　　　立つ　過ぎる　来る
　　　　'やって来て(横に)立つ'

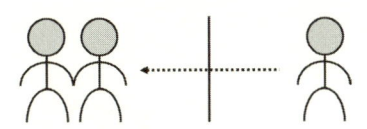

この例における「站过来」は，私(「我」)から離れた位置に立っていたフィアンセの新玲が私の横にやって来て立ったことを表現している。もう一つ，少し複雑な例を挙げてみよう。

(3) a. "什么酒 ?"我回头看床上躺着的他说："二锅头。"(略)桌上扔着个烟盒，他看见了。里边还有一根，我给他放嘴里，点上。我坐回来，靠在门边的墙板上。

(康道宁『人狮』)

　　b. 坐　　回　　来
　　　　坐る　戻る　来る
　　　　'もといた位置に戻って坐る'

この例で「坐回来」と表現された行為主体の動きは複雑である。最初，行為主体はベッドの上の男から離れた位置に坐っていたが，立ち上がって男の枕元に行き，男の口に煙草を一本含ませてやったあと，再びもといた位置に戻って腰をおろした。その一連の動きがわずか「坐回来」の三文字で表現されている[1]。

1.1. 「走过来」型空間移動の意味分析

話を先に進める前に，「走过来」タイプの表現形式(Vxyと記号化する)について簡単に説明しておきたい。V，x，yはVxyという構造においてそれぞれ

---

[1] 「立ち上がって男の枕元に行き，男の口に煙草を一本含ませてやり」という動作は「坐回来」における変数であり，「坐回来」から自動的に導き出されるものではない。

以下のような意味と機能を有する²。

　　V= 動力としてxyという空間移動を引き起こす「因」となる。
　　x= 二つの対立空間(「内と外」,「上と下」,「むこうとこちら」等)を結ぶ
　　　　移動(以下「有界転移」と呼ぶ)を表し，yと結合してVに対する「果」
　　　　となる³。
　　y= 有界転移xに話者の視点を賦与する。

Vxyという構造の本質は，Vが「因」となり，xyが「果」となる有界転移
を表すことである。

(4)　打　　过　　来
　　　打つ　過ぎる　来る
　　　'むこうからこちらに打って来る'
(5)　飞　　过　　来
　　　飛ぶ　過ぎる　来る
　　　'むこうからこちらに飛んで来る'

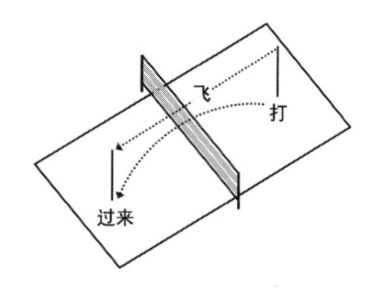

時間軸上の先後関係から言うと，「打过来」では「打」と「过来」が時間軸
に沿って「継起的」に実現する。「飞过来」では「飞」と「过来」が「同時進
行的」に実現する。後者の場合，Vはその語彙的意味機能としてxの様態を
表すことがある⁴。

---

² 中国語文法はVxyを「述补结构」(「述語－補語」構造)あるいは「述结式」(「述語－結
　果」式)と呼ぶ。「述补」にしろ「述结」にしろ，xyをVの結果として捉えた命名であ
　る。Vxyの直接構成素分析は[V(xy)]と見えるときも，[(Vx)y]と見えるときもある
　が，本稿においては前者を採用する。
³ 「有界転移」という概念に関し，詳しくは杉村(2011)を参照されたい。
⁴ 様態を表すのはVの文法的機能ではない。文法範疇としての様態は「状语」と呼ばれ
　る成分(下例下線部参照)に帰されるべきであろう。
　　失去力量控制的球儿，<u>歪歪斜斜地</u>飞出去，撞在篮板又弹回来。　(冯骥才『爱之上』)

継起的な Vxy と同時進行的な Vxy の場合，V と xy の語順を逆転することは許されず，「*过来打」も「*过来飞」も成立しない。ところが例(1)で紹介した「坐过来」は継起的実現であるが，客観的な先後関係を逆転させたコーディングがなされているため，「过来坐」が成立する。

客観的に観察すれば，「打过来」「飞过来」「坐过来」は事象として三者三様であると言わざるをえない。しかしそのコーディング様式は同一である。つまり，相異する事象に同様のコーディングが行われているわけである。以下の本多(2005: 278)の指摘に対応する。

　　一般論として，客観的には異なる事態に対して同一の捉え方をすることは，多義性の根拠となりえる。そして「客観的に異なる」とは，言い換えれば「観察的立場からは異なって見える」ということであり，「同一の捉え方をする」とは，「主体的立場からは同一と見える」ということである。

本稿の目的は，どのような「主体的立場」をとれば「打过来」「飞过来」と「坐过来」が「同一と見えるか」，即ちどのように分析すれば，「坐过来」を上で定義したVxyというスキーマの具体例としてみなしえるかを考えることにある。

2. 時間的序列の原則と時間的範囲の原則

さまざまなレベルにおける中国語の語順を支配する原則として，戴浩一(1989)が提唱する「時間的序列の原則」と「時間的範囲の原則」がある[5]。

　　(力のコントロールを失ったボールはへなへなと飛び出して行き，ボードにぶつかってまた弾ね返って来た。)

[5] 「時間的序列の原則」の原文は：The relative word order between two syntactic units is determined by the temporal order of the state which they represent in the conceptual world.
　　「時間的範囲の原則」の原文は：If the conceptual state represented by a syntactic unit X falls within the temporal scope of conceptual state represented by a syntactic unit Y, then the word order is YX.

時間的序列の原則：二つの統語成分の相対的語順は，両者が概念の世界において代表する状態の時間的序列によって決定される。
時間的範囲の原則：もし統語成分Xの代表する概念的状態が統語成分Yの代表する概念的状態の時間的範囲の中にあれば，両者の語順はYXとなる。

これは要するに，中国語における統語成分の序列は概念の世界における認知の序列によって動機づけられているという主張で，シンタクスのレベルにおける中国語のイコン性の高さを象徴する現象であるとみなされている。たとえば見た夢の話をするとき，中国語では先ず「夢を一つ見た」と言ってから，「…を夢に見た」と内容を続けることが多い。

(6) 他 做 了 一个 梦, 梦见 昙花 开 了。
    彼 作る 完了 一個 夢 夢に見る 月下美人 開く 完了
    '彼は月下美人が咲いた夢を見た'

「做了一个梦」(夢を見た)と「梦见……」(…を夢に見た)は，事象的に因果関係を構成しており，時間的序列の原則から言っても時間的範囲の原則から言っても，こう並べる以外にない。

戴浩一(1986)の指摘に対し，袁毓林(1992)からは「クローズとクローズの序列に関しては相当に強い解釈力を有するが，フレーズ間の語順に対する解釈力は大きく低下する」という指摘があり[6]，またNakagawa(1994)は，成分相互間のAffinityという基準のほうが時間的序列／範囲の原則に勝る事例を報告している。しかしながら，本稿のようにVとxyの間に因果関係が成立していると規定した以上は，両者の先後の決定は時間的序列／範囲の原則に制約されるべきものと思われる。果たして「坐过来」など上で指摘した用例は，この原則に違反する現象なのであろうか。

---

[6] 中国語のシンタクスではVxyのVとxyも「フレーズ」という概念に含まれる。

3. 姿勢形成と定位置変形移動
3.1. 「坐」の定位置変形移動

前節で提起した問題を考える手がかりとして，「坐る」と「立つ」という姿勢形成を考えてみよう。「坐」から始める。

『現代漢語詞典』は「坐」の意味，即ち「坐」が表す動作を「臀部を椅子・スツール等の上にのせ体重を支える」と記述するが，このままでは，以下のような表現の成り立ちを説明するのに情報が足りない。

(7) a. 坐　下　来
　　　　坐る　下る　来る
　　　　'腰をおろす'
　　b. 坐　起　来
　　　　坐る　起きる　来る
　　　　'上体を起こす'

ここで「下来」と「起来」は「坐」という姿勢形成に伴って生じる上半身の瞬間的移動を表す。「身」を加えて「坐下身来」「坐起身来」と言うと，より描写性の勝った表現となる。このような現象を勘案すれば，「坐」という動詞の釈義は「臀部で体重を支えL字形の姿勢を作る」とするほうが勝るように思われる。

ある特定の姿勢を形成する前の状態を「始発状態」と呼び，できあがった状態を「終端状態」と呼べば，「坐」の場合，始発状態から終端状態への移行過程がプロファイルされると「下来」「起来」が後続し，終端状態がプロファイルされると「着」が後続することになる。「坐着」はL形姿勢を保ったままの静的な状態を表す。換言すれば，「下来」と「起来」はL形姿勢の形成に伴って生じる上半身の瞬間的移動であり，「着」はL形姿勢を維持することによって生じる静的状態である。

3.2. 「站」の定位置変形移動

続いて「站起来」と「站下来」について考えてみよう。

(8) a. 站　　起　　　来
　　　　立つ　起きる　来る
　　　　'立ち上がる'
　　b. 站　　下　　来
　　　　立つ　下る　来る
　　　　'立ち止まる'

「站起来」の始発状態は「坐着」(坐っている)、「躺着」(横たわっている)などである。そこから「站」の終端状態であるⅠ形姿勢を形成する過程を「站起来」と言い、形成された姿勢を維持すれば「站着」(立っている)となる。一方、「站下来」の始発状態は「走着」(歩いている)である。「下来」は「站起来」の「起来」ではなく、「起動相」を表す「走起来」(歩き始める)の「起来」に対応して、「停止」を表す。「站」によってⅠ形姿勢を形成すれば、「走」によって引き起こされた「着」(持続相)は終息し、代わりに「下来」という結果(停止相)が生じるわけである[7]。

(9) a. 在四层楼上，两个人同时<u>站下来</u>，一动不动地喘气。（张宇『软弱』）
　　b. 站　　下　　来
　　　　立つ　下る　来る
　　　　'立ち止まる'

そして「坐」の場合と同じように、形成された姿勢が維持されれば、「站着」(立っている)という静的状態が生じることになる。

---

[7] 「站下来」には違和感を覚えるネイティヴもいる。

以上から，「坐」や「站」のような姿勢動詞に後続する「下来」や「起来」のようなxyは，いずれも始発状態から終端状態への移行に伴って必然的に生じる有界転移であり[8]，それが姿勢形成の結果として言語化されていることがわかった。そこでもし「坐过来」型Vxyが「坐下来」や「站起来」に平行するものであれば，そのxyもVの結果であるということになる。「坐过来」で言えば，誰かがどこかで「坐」すれば，結果として「过来」という有界転移が引き起こされるという理解である。では，定位置においてL形姿勢を形成する「坐」の結果として「过来」という水平移動が生じるとはどういうことであろうか。この問題は「坐过来」の始発状態をどのように設定し，また終端状態をどのように解釈するかにかかってくると思われる。以下，この視点から問題を分析してゆく。

4. 文脈義統合による空間移動の獲得
4.1. Vxyの形成における文脈依存性

夙に指摘のあるところであるが，中国語のシンタクスは文脈依存度が高い。Vxyにもその反映の一端を垣間見ることができる。

(10) a. 我们沿着王一鸣下了公共汽车后步行的路线一家家商店，一个个单位<u>问过去</u>。"请问，你们看到一只书包吗？""没有！"

（王周生『星期四，别给我惹麻烦』）

b. 问　　过　　去
　　尋ねる　過ぎる　行く

'こちらからむこうへと尋ねて過ぎ行く'

(11) a. 第二天一早，白嘉轩提着大锣，从白鹿村自东至西由南到北<u>敲过去</u>，<u>喊过去</u>，宣告修补村庄围墙的事。　　（陈忠实『白鹿原』）[9]

---

[8] 起動相の「起来」や停止相の「下来」は，言うまでもなく，物理的な空間移動を用いて事象の展開局面を比喩したものである。

[9] 島村(2008b)より引用。

b. 敲 过 去, 喊 过 去
   叩く 過ぎる 行く, 叫ぶ 過ぎる 行く
   'こちらからむこうへと叩いて過ぎ行き，叫んで過ぎ行く'

「问」(尋ねる)，「敲」(叩く)，「喊」(叫ぶ)は，本来，行為主体の空間移動を言うものではない。しかし，(10a)では「王一鳴がバスを降りたあと歩いた路線に沿って一つ一つの店で，一つ一つの会社で」という空間移動の指定があり，(11a)でも「白鹿村を東から西へ，南から北へ」という空間移動の指定がある。それを取り込んだ結果，本来，行為主体の空間移動とは無関係であるVが「过去」という空間移動を結果として引き起こすことになったわけである。よって，たとえば(10a)であれば，構造的直接構成素分析は(10c)が正しいが，意味的直接構成素分析はむしろ(10d)「(一つ一つの店で，一つ一つの会社で尋ねて)過ぎ行く」が正しいということになる。

(10) c. ［一家家商店，一个个单位］［问(过去)］
     d. ［(一家家商店，一个个单位) (问)］［过去］

4.2. フレームの活性化と Vxy の形成

文脈義の作用は語句のフレームを活性化するという形で実現することもある。次の例では，「扫」(掃く)に「下去」(下りて行く)という行為主体の空間移動が付随しているが，「扫」の辞書的意味(即ち「狭義の意味」)は「用笤帚，扫帚除去尘土，垃圾等」(箒でほこり，ゴミ等を取り除く)である。

(12) a. 每天早晨外出散步回来，常常拿把条帚去扫楼梯，一直从12层<u>扫下去</u>[10]。
     b. 扫 下 去
        掃く 下がる 行く

---

[10] 島村(2008b)より引用。

'掃き下りて行く'

しかし「掃く」という行為には，動作対象の空間移動は言うに及ばず動作主体の空間移動も付随する可能性が極めて高いことを，我々は一般的知識として知っている。(12a)ではそのような「掃く」に関わる一般的知識，即ち「フレーム」が「(ビルの階段を)一気に12階から」という文脈義によって活性化され「下去」との結合を可能にしている。「扫」は「下去」の「様態」ではなく，その出現を導いた動力として理解されるべきであろう。さらに，次の二例を比較されたい。

(13) a. 一天，爸爸下班回到家，已经很晚了。他很累，也有点儿烦。他发现五岁的儿子，<u>靠在门旁</u>正等着他。　　（『普通话水平测试实施纲要』）
　　 b. 靠　　　在　　　　门旁
         もたれる　～に/で　ドアの横
       'ドアの横にもたれる'
(14) a. 放学后，陶行知来到校长室，王友已经<u>等在门口儿</u>，准备挨训了。
         　　　　　　　　　　　　　　　　（『普通话水平测试实施纲要』）
　　 b. 等　　　在　　　　门口儿
         待つ　～に/で　ドアの前
       'ドアの前で待つ'

「靠」(もたれる)は[＋姿勢，＋移動，＋接触]という意味素性をもつ。よって「靠」に「終点」が後置されることは中国語のシンタクスとして自然である[11]。しかし「等」(待つ)は[－姿勢，－移動，－接触]であり，その行為に関与する場所は「活動の舞台」であって「移動の終点」ではない。日本語でも「ドアの横にもたれる」は正しいが，「*ドアの入り口に待つ」は誤りであり，「ドアの入り口で待つ」と言わなければならない。しかし，我々はまた「待つ」という

---

[11]　詳細は朱德熙(1981)参照。

行為が「待ち合わせの場所まで移動し、しばらくの間その場所に静止したままでいる」という形で実現することが多いことも知っている。(14a)の「等在门口儿」はその意味を取り込んで成立しており、「门口儿」は行為主体の移動の終点、かつ静止状態を保つ場所である。

以上見たように、非移動動詞が文脈義や常識的知識をその意味の中に取り込み移動動詞的に振る舞うことは、中国語において常用されるシンタクスであると言える。

5. 終端プロファイリングによる系列動作統合
5.1. 始発状態を取り込んだ終端状態

「坐下来」「站起来」などのような姿勢形成に関する観察と、「问过去」「等在门口儿」などのような意味補充に関する観察を基礎に、本節では「終端プロファイリングによる系列動作統合」という主体的事象把握を提案し、それが一見「時間的序列／範囲の原則」に反する「坐过来」型 Vxy を成立させる根拠となっていることを示す。

次の例では「(箱の)上に立つ」が「站上去」と表現されている。

(15) a. 裁缝老婆……从家里抱来一个肥皂箱子，倒扣过来，叫矮男人站上去。　（冯骥才『高女人和她的矮丈夫』）

　　b.　站　　上　　去
　　　　立つ　上がる　行く
　　　　'下から上に上がって立つ'

この例には新旧二つの「站」が含まれ、新しいほうの「站」即ち終端状態の「站」がプロファイリングされている。また「上去」という有界転移は始発状態の「站」から終端状態の「站」への移行の中に観察されるものである。換言すれば、終端状態の「站」は始発状態から終端状態までの一連の動作を統合することによって、有界転移「上去」を状態間移行によって生じた「結果」としているのである。このような事象把握を「終端プロファイリングによる系列動

作統合」と呼ぶ。これは従来のイベント統合理論より大きなパースペクティヴに基づくイベント統合であり，このように解釈されることによって，「坐过来」型 Vxy は時間的序列の原則および時間的範囲の原則に合致することになる。

　上で「上去」という有界転移は始発状態から終端状態への移行の中に観察されると述べたが，このような事態把握は渓流の闇に浮かぶホタルの「航跡」の残像に根拠を見出すことができよう。また，旅客機のリアルタイムモニターに映し出される機影には，目には見えるはずもない航跡が残像として可視化されている。実際には，過ぎ来たりて（「过来」）伊丹の上空にあるのだが，映し出されたイメージからは，あたかも伊丹の上空にあること（終端状態）が「过来」を引き起こしたかのような印象を受ける。

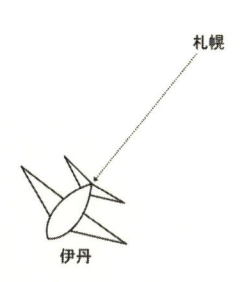

　「站上去」とは逆に，上で立っていた者が下におりて来て下で立てば「站下来」と表現される。

(16) a.　"夏大姐！你能不能<u>站下来</u>跟我说话，你站在那样的地方，你让我怎么给你说，我又怎么能把话说得清楚！"李高成一边竭力用平静的话语跟夏玉莲交谈着，一边想着自己究竟应该怎么办，"夏大姐，就算你不下来，那你<u>坐下来</u>跟我说话还不行？"　　　　　　　　　　　　　　　　　（张平『抉择』）
　　 b.　站　　下　　来
　　　　 立つ　下がる　行く
　　　　 '上から下におりて立つ'

　この例では，ビルの屋上に立ち飛び降り自殺をしようとする聞き手（夏大姐）に向かって，地上にいる話し手（李高成）がとにかく下におりて来て話をしようじゃないかと説得に当たっている。文中「坐下来」は 3.1 で紹介したのと同じ「腰をおろす」という意味の表現である。同形ではあるが，「坐下来」は定位置における身体の瞬間移動を言い，「站下来」は上（屋上）と下（地面）という二つ

の異なる空間を結ぶ有界転移を表している。そして「下来」という有界転移は，ビルの上に立っていた者がビルの下に立つことによってもたらされた結果なのである。

次の例では「站过去」によって，動作主体の辛小亮が自らに属する空間（視点の置かれている空間）から，孟蓓に属する空間（視点の置かれていない空間）へと転移して行き，その横に立つという意味が表されている。

(17) a. 孟蓓站定，把自己举的伞收了，说："过来。"辛小亮乖乖儿地举着伞<u>站过去</u>了："你今儿成心给我摆什么谱啊。瞎折腾！"　　　　　　　　（陈建功『丹凤眼』）

b. 站　过　去
　　立つ　過ぎる　行く
　　'やって行き（横に）立つ'

この例でも終端状態として形成された「站」は始発状態における「站」をも取り込んでおり，「过去」は終端状態の実現に付随して生じた，結果としての有界転移であると分析することが可能である。

最後により複雑な例を分析してみる。上掲例(3)を再録する。

(18) a. "什么酒？"我回头看床上躺着的他说："二锅头。"（略）桌上扔着个烟盒，他看见了。里边还有一根，我给他放嘴里，点上。我<u>坐回来</u>，靠在门边的墙板上。

b. 坐　回　来
　　坐る　戻る　来る
　　'もといた位置に戻って坐る'

この例では，既述のように，終端状態の「坐」と始発状態の「坐」の間に一度「立ち上がり今腰をおろしている場所から離れる」という動きがはさまる。一連の動作の中で「回来」は他所から再びもといた場所に立ち帰るという有界

転移を表し，それが終端状態の「坐」の実現によってもたらされた結果として把握されている。

5.2. 系列動作統合の広がり

母語話者の内省によれば，「坐过来」型 Vxy の典型的な使用環境は，すでに V が実現しており，かつ終端状態と始発状態が至近距離で実現することである。本稿で挙げた例はすべてこの内省に合致する。至近距離で実現するというのは，実際の移動に必要な動力（「走（歩く）」を典型とする）をあえて言語化するまでもなく[12]，かつ有界転移の発生を観察者にアフォードできるような言語環境であることが求められるということなのであろう。

次の例では V が姿勢動詞ではない。

(19) a. 当然第二天她又住回来了，因为我父亲又把她赢回来了。
    b. 住　　回　　来
       住む　戻る　来る
       'もとの住まいに戻って来て住む'

この例は，夫の賭事の形にされた妻が賭けの相手の家に一晩泊ってまた自分の家に戻って来たことを言っている。V が姿勢動詞であるか否かを問わなければ，「坐回来」と「住回来」はなんら変わるところがない[13]。まだ収集しえた用例が少なく根拠は弱いが，(3a)や(19a)のような表現を視野に収めれば，「坐过来」型 Vxy がプロトタイプ範疇を形成している可能性を指摘できるかもしれない[14]。さらに，(19a)で波線をつけた「赢回来」は，夫が賭けに「勝った」

---

[12] 贅言を恐れずに言えば，ここで言う動力とは，(16)や(17)などの図において矢印付き点線で示された移動に必要な動力を指す。

[13] 「住」のアスペクト的特徴が姿勢動詞と共通する点を指摘しておきたい。

[14] Lamarre(2003)は以下のようなケースも時間的序列が逆転したものとみなす。
　　房间太小，这张双人床能摆进来吗？
　　（部屋がえらく小さいけれども，そのダブルベッド，中に置けますか）

ことが「因」となって妻が家に「帰って来た」という「果」が実現したことを,「把」構文を用いて因果他動的に表現したものである。

(19) c.　贏　　回　　来
　　　　勝つ　戻る　来る
　　　'(夫が賭けに)勝って(妻が家に)戻って来る'

「贏」と「回来」は「夫が妻を賭けの形にし,夫が勝てば妻が家に戻って来られる」という言外の意味(文脈義)によって一つに統合されている。このような「風が吹けば桶屋がもうかる」式の統合は,中国語の「述語-補語」構造によく見られるものである[15]。このような「ルーズさ」から言えば,本稿が提案する「終端プロファイリングによる系列動作統合」などはまだ「おとなしい」ほうであると言えるかもしれない。

6.　終端プロファイリング利用の語用論的動機

二階から窓の外を行く友人に向かって「寄って行きよ」と呼びかけるときは,「上来坐吧!」と言い「坐上来吧!」とは言わない。

(20)　上　　来　　坐　　吧!
　　　上がる　来る　坐る　勧誘の助詞

　　試完的衣服请挂回来。(試着の終わった服は元の場所にお掛けください)
「摆进来」は「摆(場所を考えて置く)+进(入る)+来(来る)」という構成で,「入って来る」のは部屋の外にあるベッドである。「挂回来」は「挂(掛ける)+回(戻る)+来(来る)」で,「戻って来る」のは売り場から試着室に運ばれていた服である。「摆」と「挂」は他動詞であり,その動作対象かつ xy の主体であるベッドと服は自ら移動する能力をもたない。つまり,xy は V が引き起こしたのであり,V の結果でしかありえない。よって,もしこれらをも時間的序列の逆転とみなすならば,字面に現れない事件(「ベッドを部屋の中に運びこむ」「試着のすんだ服をもとの場所に持ち返る」)を取り込んでの話とせざるをえず,その場合には本稿が提案するような「系列動作の統合」という視点が必要となって来よう。

[15]　島村(2008a)参照。

同じく，部屋の中から廊下に向かって「寄って行きよ」と呼びかけるときも，「进来坐吧！」と言い「坐进来吧！」とは言わない。

(21)　进　　来　　坐　　吧！
　　　入る　来る　坐る　勧誘の助詞

　上の状況において，情報の重点は「坐」(「坐る→立ち寄る」)にある。ここから，「坐过来」型 Vxy の情報構造は V が軽く xy の重い「前軽後重」型であることが推測される。上で「坐过来」型 Vxy の典型的な使用環境では V が既実現であることを指摘したが，それは V が旧情報であることを意味する。旧情報である V を後景化し新情報である xy を前景化するのに，Vxy という「述語－補語」構造は xyV という「連述構造」より勝る[16]。換言すれば，このような語用論的動機を満足させることによって，時間的序列／範囲の原則に対する「違反」を緩和することができたとも言えよう。

7. 結論
本稿の考察をまとめると以下のようになる。

一，　さまざまな姿勢の形成には定位置における身体の瞬間的移動が必然的に付随するが，中国語はそれを言語化する[17]。

二，　中国語では非移動動詞が文脈義や常識的知識を取り込み臨時に移動動詞化することがよくある。

三，　イベント統合の一形態として，有界転移を伴う姿勢形成に対する終端プロファイリング系列動作統合がある。この種の統合では，姿勢形成に先立つ有界転移が姿勢形成の結果として言語化される。

四，　終端プロファイリング系列動作統合という主体的事象把握を採用すれ

---

[16]　「述語－補語」構造の形式と意味に関する概括的議論は沈家煊 (2003) を参照されたい。
[17]　動作行為に必然的に付随する結果の言語化に関しては，杉村 (2000) を参照。またこの現象に関するより抽象化された，類型論的な考察は Lamarre (2003) を参照されたい。

ば，「時間的序列／範囲の原則」は「坐过来」型 Vxy に対しても依然として有効であり，Vxy のスキーマと抵触しない。

五，「坐过来」型 Vxy の情報構造は「前軽後重」であり，情報構造の普遍的原理に抵触しない。

最後に，上の結論は「坐过来」型 Vxy のみならず，姿勢動詞が「到＋終点＋来／去」(終点に来る／行く)を従える表現に対しても有効であることを指摘して本稿を終えたい。

(22) a. 你们都要好好地听着，队长叫谁谁就出来，<u>站到大杨树底下来</u>。
(刘流『烈火金钢』)
(23) a. 方非礼貌地应答了老张的问话，就急急地<u>坐到自己的桌前去</u>了。
(裘山山『锁着的抽屉』)
(22) b. 站　　到　　大　　杨树　　底下　　来
　　　　 立つ　到る　大きい　ポプラ　下　　来る
　　　　'大きいポプラの下に来て立つ'
(23) b. 坐　　到　　自己　的　　桌前　　去
　　　　 坐る　到る　自分　の　　机の前　行く
　　　　'自分の机の前に行き坐る'

「立つ」も「坐る」も二つの異なる地点間の移動を言うものではない。しかし上の例では「(現在地から)大きいポプラの下に来る」「(現在地から)自分の机の前に行く」という二地点間の空間移動を動詞自身の結果として従えている。事象把握の根拠が「坐过来」型 Vxy に類似するものであることは明白である。

参照文献

戴浩一 (1989)「以认知为基础的汉语功能语法刍议」。本稿は戴浩一・薛凤生主編『功能主义与汉语语法』187-217(北京：北京语言学院出版社，1994)に基づく。

本多啓（2005）『アフォーダンスの認知意味論：生態心理学から見た文法現象』東京：東京大学出版会．

Lamarre, Christine (2003)「汉语空间位移事件的语言表达：兼论述趋式的几个问题」『現代中国語研究』5: 1-18. 京都：朋友書店．

Nakagawa, Masayuki (1994) Word order in Modern Chinese: A cognitive perspective. *Current Issues in Sino-Tibetan Linguistics: Proceedings of the 26th International Conference of Sino-Tibetan Languages and Linguistics*, 105-113.

沈家煊（2003）「现代汉语"动补结构"的类型学考察」『世界汉语教学』17-23.

島村典子（2008a）「不及物动词与致使位移事件」『中国語学』255: 177-196.

島村典子（2008b）「他動詞と主体移動」『日本中国語学会第 58 回全国大会予稿集』227-231.

杉村博文（2000）「"走进来"について」『荒屋勤教授古希記念中国語論集』151-164. 東京：白帝社．

杉村博文（2011）「対立空間転位の諸相：「方向補語」再考」『現代中国語研究』13: 15-30. 東京：朝日出版社．

袁毓林（1992）「关于认知语言学的理论思考」『中国社会科学』46-65．本稿は『语言的认知研究和计算分析』49-73(北京：北京大学出版社，1998)に基づく。

朱德熙（1981）「"在黑板上写字"及其相关句式」『语言教学与研究』1981 年第 1 期。本稿は『朱德熙文集・第二卷』282-298(北京：商务印书馆，1999)に基づく。

7
閩南語における方位・構文・解釈

連金发

要旨 本稿は方位，構文，解釈の三側面から閩南語における「toa^3(住)」の三つの主要な構文について論ずる。Goldberg(1995)による構文文法(construction grammar)に基づき，各構文で示される「toa^3(住)」が異なる構造の組み合わせにおいて特色ある文法的・意味的特徴を持つことを明らかにする。3種の構文は次の(1)～(3)に分けられる。(1)甲類：「toa^3(住)」は本動詞で，それに方位句が後続する。(2)乙類：「toa^3(住)」は前置詞として方位句を導き，後方の動詞句と結びつく。(3)丙類：動詞の後方に前置詞「toa^3(住)」が導く方位句が現れる。また，「toa^3(住)」に主語と呼応関係があるか否かについては文の構造上の地位によって決定されることを明らかにする。最後に「toa^3(住)」を「ti^7(佇)」，「tiam^3/tam^3(踮)」，「khia^7(企／徛)」などの類語と比較し，そこに見られる差異及び文法化の進度の違いについて観察する。

1. はじめに

本稿では「toa^3(住)」を例に，三種の構文において生じる意味及び文法上の違いについて論ずる。三種の構文とは次の通りである。(1)甲類：toa^3(住)$_{動詞}$(＋「佇」$_{前置詞}$)＋方位句，(2)乙類：toa^3(住)$_{前置詞}$＋方位句＋動詞句，(3)丙類：動詞＋toa^3(住)$_{前置詞}$＋方位句。最後に toa^3(住)を ti^7(佇)，tiam^3/tam^3(踮)，khia^7(企／徛)等と比較，観察し，その文法化の進度の違いについて述べる。以下，順を追って toa^3(住)の甲乙丙の三種の構文について例を挙げて説明し，その文法的・意味的特徴を捉え，さらに toa^3(住)の類語と比較，観察

し，差異を明らかにする。

2. 甲類構文

甲類構文は toa^3(住)$_{動詞}$(+「佗」$_{前置詞}$)+方位句(locational phrase)という構造である。toa^3(住)は本動詞として働き，後方に方位句が続く。方位句は名詞句と方位マーカーで構成される。方位句は限定詞と名詞句から成る，一種の限定詞句(determiner phrase)と見なすことができる。動詞と方位句の間には「汎意前置詞[1]」が出現し得る。

名詞句がもしそれ自体方位詞であるならば，それが方位を指すため，その他の方位マーカーを加える必要はない。もともと方位詞には遠称近称を指示する方位詞「hia^1(彼：あそこ)」，「chia^1(遮：ここ)」と方位を指示する固有の方位詞とがある。名詞がもし方位詞でないならば，方位マーカー「teng^2(頂)」，「toe^2(底)」，「kha^1(脚)」，「lai^7(里)」，「khau^2(口)」，「tiong^1-ng^1(中央)」，「ui^7(位)」等を加える必要がある[2]。

この類の構文は総称的(generic)状況を示す。この文は個体レベル述語(individual-level predicate)「toa^3(住)」を持つという特徴を持つが，主語はかならず，[+sentient](知覚可)[+animate](有情)という意味的属性を持つ存在である。つまり，特定の意味的限定を持つ方位構文である。

(1) 阮　　　査某子　　　　　住　佗　一　窟？　　(142.31 云林一)[3]
　　Gun^2　cha^1-boo^2-kiann^2　toa^3　to^1　chit^8　khut^4
　　私　　　娘　　　　　　　住む　どの　一　洞窟

---

[1] 汎意前置詞とは意味的には空白で，未定の空間の方位を導くのみであり，方位マーカーは各種空間内の特定の面を指す。

[2] 閩南語における語の発音記号は教会ローマ字(Douglas 1873)の標音に従ったが，本稿ではそこに少し調整を加えた。声調はアラビア数字を用いて陰平(1)，陰上(2)，陰去(3)，陰入(4)，陽平(5)，陽去(7)，陽入(8)とした。Ch と ts は音位の対立がないため，共に ch とした。/o/ と /o./ はそれぞれ /o/ と /oo/ とした。鼻音化韻母は /nn/ とした。

[3] 本稿の例文は胡万川教授等により収集・編集された台湾民話集から取った。民話の題名の略称の前にある数字は文献の頁と例文行を示す。民話については付録を参照されたい。

(私の娘はどの洞窟に住んでいるのですか？)

(2)　較早个　　人　　拢　　是　　住　　彼　　号　　草厝　　(16.1 外埔乡)
　　 Khah^4-cha^{2}e^5　lang^5　long^2　si^7　toa^3　hit^4　ho^7　chhau^2-chhu^3
　　 昔の　　　　　人　　皆　　COP　住む　あの　ような　茅葺き屋根の家[4]

(昔の人たちは皆あのような茅葺き屋根の家に住んでいた。)

3.　乙類構文

乙類構文は toa^3(住)_{前置詞}＋方位句＋動詞句という構造である。乙類構文は動詞句の動相(Aktionsart)により三種に分類される。

3.1.　[Toa^3(住)_{前置詞}＋方位句]＋動詞句_{動的}

この構文における「toa^3(住)_{前置詞}＋方位句」は一つの単位を形成して後方の動詞句を修飾し，動的事態の空間的位置を示す。toa^3(住)に後続する方位句は遠称近称を指示する方位詞「hia^1(彼：あそこ)」，「chia^1(遮：ここ)」の形式で出現する。

(3)　你　　住　　彼　　等　　　　　　　　　　　　(144.19 大甲)
　　 Li^2　toa^3　hia^1　tan^2
　　 あなた　で　あそこ　待つ

(あなたはあそこで待っている。)

(4)　大细汉　　　　逐个　　就　　住　　彼　　直直　　　听　　(54.03 彰化五)
　　 Toa^7-soe^3-han^3　tak^{8}e^5　chiu^7　toa^3　hia^1　tit^{8}tit^8　thiann^1
　　 大人と子ども　　皆　　そして　で　そこ　ずっと　聞く

---

[4] 本稿で使用される略語は以下のとおりである：AM(agent marker 動作主マーカー)，BM(benefactive marker 受益者マーカー)，CL(classifier 類別辞)，COP(copula コピュラ)，DS(diminutive suffix 指小接尾辞)，GM(genitive marker 属格マーカー)，NEG(negation 否定)，PM(patient marker 受動者マーカー)，PN(parenthetical 挿入辞)，PROG(progressive maker 進行マーカー)，SFP(sentence-final particle 文末助詞)，SUF(suffix 接尾辞)，TM(theme marker 対象マーカー)，TOP(topic 主題)。

（そして大人も子どもも皆そこで聞いている。）

(5)　　就　　　住　　遮　　困　　安呢⁵　　　　　　（198.22 新社一）
　　　　Chiu⁷　toa³　chia¹　khun³　an¹-ne¹
　　　　それで　で　　ここ　　眠る　そのように

　　　　（それでここで眠っているんだ（よ）。）

(6)　　你　　　住　　遮　　企　　呼⁶　　　　　　　（106.06 云林県四）
　　　　Li²　　toa³　hia¹　khia⁷　hoonnh⁴
　　　　あなた　で　　そこ　　立つ　よいか

　　　　（あなたはそこに立っているね。）

3.2.　[Toa³(住) + leh⁴/eh⁴(咧)前置詞 + 方位句] + 動詞句動的

　この構文は 3.1. の構文に前置詞「leh⁴/eh⁴(咧)」を加えたもので，動詞句は動的事態を表す。

(7)　　住咧　　　　金鑾殿　　　　共⁷　我　　破　　腹　　　（66.21 彰化五）
　　　　Toa³-°leh　kim¹-luan⁵-tien⁷　ka⁷　goa²　phoa³　pak⁴
　　　　で　　　　宮殿　　　　　　PM　　私　　切る　お腹

　　　　（宮殿で私の腹をかき切れ。）

---

⁵　「安呢」は共通語の「这样（このような）」に相当するもので，「这样」は，本来，照応詞（anaphor）として用いられる。例えば「小明很认真，小英也一样（小明は賢く，小英も同じだ）」における後方の文の「一样」は，前方の文の述語「很认真（真面目だ）」の反復を避けるために使われている。この文における「安呢（このような）」もまた，前文の反復を避ける機能を持つ。但し，若い世代のコミュニケーションにおいては主に，話し手が聞き手にたった今話した内容への注意を促す機能がある。

⁶　「呼」は文末に置かれる助詞で，話し手が聞き手にある動作を促す機能がある。語気は柔らかく，相手が動作を留める余地を与える。

⁷　前置詞としての「共」には頻繁に代名詞が後続する。代名詞にはさまざまな意味役割がふくまれるが，よく省略もされる。

閩南語における方位・構文・解釈　149

(8)　彼　囝仔　逐个　住咧　彼　食食[8] 咧　　　　(118.06 彰化七)
　　 He[1] gin[2]-a[2] tak[8] e[5] toa[3]-ºleh hia[1] chiah[8]chiah[8] ºleh
　　 その 子ども　皆　　で　　その　食べる -PF
　　（子どもたちはそこではやく食べなさい。）

(9)　住咧　　庙口　　　得　　做　　戏　　啦[9]　　　(10.17 彰化県四)
　　 Toa[3]eh[4] bio[7]-khau[2] teh[4] choe[3] hi[3] ºlah
　　 で　　　お寺の前　　PROG　する　芝居　SFP
　　（お寺の前で芝居をしているんだ(よ)。）

3.3.　[Toa³(住)前置詞＋方位句]＋動詞句 ステージレベル述語

この構文の述語の前には進行形のマーカー「佇咧」ti[7]-leh[4] を加えることができる。これにより厳密には純粋な静的述語ではなく，ステージレベル述語 (stage-level predicate; Kratzer 1995) と見なすことができる。

(10)　蹛　遮　嘛　无　头路　　　　　　　　　　　(18.12 嘉义五)
　　　Toa[3] chia[1] ma[7] bo[5] thau[5]-loo[7]
　　　で　　ここ　また　否定　仕事
　　　（ここでも仕事がない。）

(11)　按呢　蹛　遐　咧　烦恼　　　　　　　　　　(120.13 云林五)
　　　An[2]-ne[1] toa[3] hia[1] leh[4] hoan[5]-loo[2]
　　　こんなに　で　そこ　PROG　悩む
　　　（(彼らは)そこでこんなに悩んでいる。）

---

[8]　台湾閩南語の動詞の重ね型は動作が短時間で完成することを示し，かつ普遍性を持つという意味的特徴を持つ。重ね型は試しに何かをすることとは限らず，それは動詞＋「看覓」の構文で表される。例えば，「食看覓」chiah[8] khoann[3]-bai[7]（食べてご覧）のようにである。

[9]　「啦」は文末助詞で，話し手の個人的主張を表現する。発話内容の確実性を保証しようとして使われる。

(12) 就　　　安呢　　　　　住　遮　歇　　啦　　　　　　(198.18 新社一)
　　　Chiu⁷　an²-ne¹　　　toa³ chia¹ hioh⁴ ºlah
　　　それで こんなふうに で　ここ 休む SFP
　　　(それでこのようにここで休んだんだよ。)

(13) 两人　　　煞　　住　彼　做　　翁某　　　安呢。　(34.34 彰化四)
　　　Nng⁷ lang⁵ soah⁴ toa³ hia¹ choe³ ang¹-boo² an²-ne¹
　　　二人　　 意外　 で　そこ する 夫婦　　 このように
　　　(このように二人は意外にもそこで結婚したんだよ。)

4. 丙類構文

　丙類の構文は<u>動詞</u> + <u>toa³(住)</u>_{前置詞} + <u>方位句</u>という構造である。丙類に出現する動詞としては，(1)姿勢類動詞，(2)放置類動詞，(3)その他の動的動詞が挙げられる。以下，それぞれについて述べる。

4.1. 姿勢類動詞

　姿勢類動詞には khia⁷「企／徛」(立つ)，che⁷「坐」(坐る)，kui⁷「卧」(ひざまずく)，the¹「臥」(横たわる)，khun³「困」(寝る)等がある。これらの動詞にはそれぞれ，主語の行動について描写する前置詞句が後続し得る。丙類構文の内部では，動詞は基本的に静的な意味を表すことが義務づけられる。

(14) 去　　共　　 企　　住　彼,　看　　　因二个　　　　講　　啥物　　　　話
　　　Khi³ ka⁷ khia⁷ toa³ hia¹ khoann³ in¹nng⁷ e⁵ kong² siann²-mih⁴ oe⁷
　　　行く BM 立つ で そこ 見る かれら二人 話す 何の 話
　　　　　　　　　　　　　　　　　　　　　　　　　　　(184.07 云林県三)
　　　(二人が話していることを理解しようとそこに立った。)

(15) 和尚　　请　　　生理人　　　徛　　蹛　伊
　　　He⁷-siunn⁷　chhiann²　seng¹-li²-lang⁵　khia⁷　toa³　i¹
　　　僧侶　　頼む　　商人　　　　立つ　に　彼

　　　佇　塗骹　　画　个　圏里　　　　　　　　(66.15 嘉义市五)
　　　ti⁷　thoo⁵-kha¹　oe⁷　e⁵　khoo⁵lai⁷
　　　で　地面　　描く　CL　円の中

　　　(僧侶は商人に頼んで地面に描かれた円の中に立ってもらった。)

(16) 坐　　住　　彼个　　埤仔頂里　　　佇 - 得　梳　　头发 (102.07 台南县二)
　　　Che⁷　toa³　hia¹-e⁵　pi¹-a² teng² lai⁷　ti⁷-teh⁴　soe¹　thau⁵-chang¹
　　　座る　で　あそこ　池 -DS 上 なか　PROG　とかす　髪

　　　(その池の上の方に座って髪をとかしている。)

(17) 那　　跪　　住　遮,　紧　　起来　　　　　　(136.08 大安乡二)
　　　Na⁷　kui⁷　toa³　hia¹　kin²　khi²-lai⁵
　　　もし　跪く　に　そこ　すぐに　起き上がる

　　　(そこで跪いたら，すぐに立ち上がりなさい。)

(18) 每　一人　　都　卧　　　住　彼　一支　　　竹仔　　頂面
　　　Mui²　chit⁸-lang⁵　to¹　the¹　　toa³　he¹　chit⁸-khi¹　tek⁴-a²　teng²-bin⁷
　　　毎　一人　　皆　横になる　で　その　一本　　　竹　　　上

　　　(皆その竹の上であおむけになって寝ている。)　(50.23 石冈乡二)

(19) 叫　我　卜　　困　　　住　佗落　　去？　　(174.2 云林县三)
　　　Kio³　goa²　beh⁴　khun²　toa³　to²-loh⁸　khi³
　　　させる　私　しかかる　寝る　で　どこ　　行く

　　　(私はどこで寝たらいいですか？)

4.2. 放置類動詞

　放置類動詞には khng³「囥」(置く)，he⁷「下」(置く)，tai⁵「埋」(埋める)，thiam⁷「填」(埋める)，tah⁴「貼」(貼る)等がある。この種の動詞は動作主，対象，方向の移動に関わる事象を示すという意味的特徴を持つ。それゆえ，この種の構文は動的事態を表す。

(20) 你　　共　　我　　囥　　这　　龙银　　　住　　遮　　　　(88.1 清水镇一)
　　　Li² ka⁷ goa² khng³ che¹ leng⁵-gun⁵ toa³ chia¹
　　　君　 BM　私　 置く　この　 龍の銀貨　で　　ここ
　　　(あなたは龍の銀貨をここに置いてくれる。)

(21) 创　　　这个　　毛　　安呢　　　共　　我　　下　　　住　　彼　　碗底
　　　Chhong³ chit⁴ e⁵ mng⁵ an²-ne¹　　ka⁷ goa² he⁷ toa³ he⁷ oann² toe²
　　　持つ　　この　　毛　　このように　BM　私　入れる　に　その　碗中
　　　((彼は)毛をこのようにお碗の中に入れ。)　　　　　　　(128.29 苗栗县)

(22) 饭　　共　　先　　捧　　　出来，　下　　　蹲　　桌顶　(80.14 云林县五)
　　　Png⁷ ka⁷ seng¹ pang⁵ chhut³ lai⁵ he⁷ toa³ toh⁴ teng²
　　　ご飯　TM　先に　持って　出てくる　置く　で　机上
　　　((彼は)ご飯(茶碗)を取って，テーブルの上に置いた。)

(23) 予　　埋　　　住　　遮　　　安呢　　　　　(32.08 彰化县四)
　　　Hoo⁷ tai⁵　　toa³ chia¹ an²-ne¹
　　　AM　埋める　に　ここ　このように
　　　(ここにこんなふうに埋められた。)

(24) 举　　去　　共　　填　　　住　　彼　　塚仔埔　　　啦，(76.04 台南县二)
　　　Gia⁵ khi³ ka⁷ thiam⁷ toa³ he¹ bong⁷-a² poo¹ lah
　　　持つ　行く　TM　埋める　で　その　お墓　　　　SFP
　　　(あのお墓に埋めに行ったんだ(よ)。)

(25) 贴　　住　　这个　　号做　　　　过楣个　　彼　　啦 ¹⁰。(124.23 外埔乡)
　　　Tah⁴ toa³ chit⁴e⁵ hoo⁷-choe³ ke³-bai⁵e⁵ hia¹ ᵒlah
　　　貼る　で　この　　という　　　鴨居　　　その　SFP
　　　(あの鴨居と言うところに貼ったんだ(よ)。)

以下の khun³「囷」(囲む)も放置類の使役動詞と見なすことができる。

---

[10]　「过楣」は共通語の「門楣」(鴨居)にあたり，ドアの上にある横木を指す。

(26) 乞-予[11] 青番　　　困　　　　住　这个　铁砧山　　　　顶,
　　　Khit⁴ hoo⁷ chhinn¹-hoan¹ khun³　　toa³ chit⁴e⁵ theh⁴ chiam¹ soann¹ teng²
　　　AM　　生番　　　閉じ込める　で　この　鉄砧山　　　　上
　　　(生番によってこの鐵砧山に閉じ込められた。)　　　(58.05 外埔乡)

4.3. その他の動的動詞

　この構文は khoan²「款」(整理する), pak⁴「縛」(縛る), ka⁷「咬」(嚙む), ke³「嫁」(嫁ぐ), poah⁸「跋」(転ぶ)のような動的動詞を使うという特徴を持つが, 到達地点に至るまでの空間移動の結果を示すもので, 静的な意味を表す。

(27) 柴, 油, 塩, 米　共　　款款　　　　　住　彼　船仔内,
　　　Chha¹ iu⁵ iam⁵ bi² ka⁷ khoan³-khoan² toa³ he¹ chun⁵-a²lai⁷
　　　薪　油　塩　米　TM　整理する　　　で　そこ　船内
　　　(薪, 油, 塩, 米を整理して船内に置きなさい。)　　(20.01 沙鹿镇二)

(28) 牛　是　縛　住　牛椆,　　　　　　　　(98.12 云林县一)
　　　Gu⁵ si⁷ pak⁴ toa³ gu⁵-tiau⁵
　　　牛　COP　縛る　に　牛小屋
　　　(牛は牛小屋に縛られている。)

(29) 你　咬　住　彼　中央,　　　　　　　　(104.14 大安乡二)
　　　Li² ka⁷ toa³ he¹ tiong¹-ng¹
　　　君　嚙む　で　その　中心
　　　(あなたはその中心部分を嚙んで下さい。)

(30) 您[12]　小妹　嫁　　住彼, 内面　是　交椅　漆桌
　　　Lin² sio²-be⁷ ke³ toa³ hia¹ lai⁷-bin⁷ si⁷ kau¹-i² chhat⁴-toh⁴
　　　あなたの　妹　嫁に行く　に　そこ　中　COP　椅子　テーブル

---

[11] 「乞予」は同義複合語である。
[12] 「您」は二人称複数代名詞であるが, 帰属マーカーと共に使われる場合は単数としても使われる。

滿　　厅　　红，　　　　　　　　　　　　　　（174.24 大甲镇）
moa² tiann¹ ang⁵
すべて 部屋 赤
(あなたの妹はそこへ嫁入りしたが，中はテーブルから椅子まで部屋中真っ赤だった。)

(31)　就　　抵　　着　　一　　只　　乌鸦，亦　是　跋　　住　水底，
Chiu⁷ tu² tioh⁸ chit⁸ chiah⁴ oo¹-a¹ ia⁷ si⁷ poah⁴ toa³ chui² toe²
讓歩 ぶつかる に 一 CL カラス また COP 転ぶ に 水中
(カラスがまた水の中に落ちるのが目に入った。)　（168.07 云林县三）

4.4. 構文内の余剰前置詞

丙類構文は動詞 + toa³(住)_前置詞 + ti⁷(佇) + 方位句と理解され，その中の ti⁷(佇)は余剰前置詞である。それは弱化して °eh 或いは °e となったと見なすことができる。

(32)　彼　　只　　玉猫　　你　　就　　藏　　住-佇　手縮　　内，
Hit⁴ chiah⁴ giok⁸-niau¹ li² chiu⁷ chhang³ toa³-ti⁷ chhiu²ng² lai⁷
その CL 玉猫 君 即ち 隠す に 袖 中
(その玉猫をあなたは袖の中に隠しなさい。)　　　　　（118.19 罗陈）

(33)　彼个　　刣猪仔　　就　　是　　宓　　住咧　水缸　　边彼，
Hit⁴ e⁵ thai⁵-ti¹-a² chiu⁷ si⁷ bih⁴ toa³-°e chui²-kng¹ pinn¹ hia¹
あの 屠殺者 即ち COP 隠れる に 水がめ ところ
(その屠殺者は水がめのところに隠れたのだ。)　（90.03 沙鹿镇二）

(34)　彼个　水肥　　舀　　住咧　　桶仔　　　　　　（54.02 大甲镇）
Hit⁴ e⁵ chui²-pui⁵ io² toa³ eh⁴ thang²-a²
あの 水肥 汲む に 桶中
(その水肥は桶の中に汲んである。)

5. その他の類語との比較

Toa³(住)を類語 ti⁷(佇), tiam³/tam³(踮), khia⁷(企/徛)と比較すると, 類語の中にも差異があり, 文法化の進度に違いが見られることがわかる。甲類の ti⁷(佇)は居住の意味ではなく, ある場所に居るという意味であるが, 後方にアスペクト助詞 leh⁴(咧)が来る場合は, 方位詞がなくとも, 前に「有」または否定の「無」があれば,「居る」という意味は残存する。次に, tiam³/tam³ (踮)は toa³(住)の方言的変異と見なすことができる。甲乙丙三種類の構文いずれでも用いることができる。また, khia⁷(企/徛)は文法化の進度が最も低く, 甲類構文においてしか用いられない。一見すると, 乙類構文で使えるように見えるが, そうではない。この構文は連続動詞構文として捉えられるべきものである。さらに, 乙類構文内で現れる khia⁷(企/徛)は汎意前置詞ではなく,「立つ」の意味を持つものとしてのみ理解され得るものである((6)を参照)。

5.1. Ti⁷(佇)

Ti⁷(佇)は文法化が最も進み, 甲乙丙三種類の構文のいずれにも出現する。

甲類

(35) a. 这个　　福仔　　抵好　　有　　佇　　厝　　安呢　　(108.05 新社乡一)
　　　 Chit⁴ e⁵　hok⁴-a²　tu²-ho²　u⁷　ti⁷　chhu³　an²-ne¹
　　　 その　　福-SUF　正に　　ある　いる　家　　そのように
　　　 (福仔という人がちょうどそのように家にいたんだよ。)

　 b. 啊　您厝　　住　　佗？　　　　　　　　　　(48.17 彰化县十九)
　　　 a¹　lin² chhu³　toa³　to¹
　　　 PN　あなたの家　住む　どこ
　　　 (あなたの家はどちらですか。)

　 c. 现在　　　啊　序大人　　　　无　　佇咧呀,　才　　知影
　　　 Hien⁷-chai⁷　a¹　si⁷-toa⁷-lang⁵　bo⁵　ti⁷leh-a　chiah⁴　chai¹-iann²
　　　 現在　　　　PN　親　　　　　　　NEG　いる　　　やっと　知る

是　　苦　　啦　　　　　　　　　　　　(16.06 新社乡一)
　　si⁷　　khoo²　⁰lah
　　COP　苦しい　SFP
　　(現在親はおらず，ようやく苦難というものがわかった。)

乙類

(36)　欢欢喜喜　　　　个　　囝仔　呼，　就　　伫　　山脚
　　Hoann¹-hoann¹-hi²-hi²　e⁵　gin²-a²　hoonn¹　chiu⁷　ti⁷　soann¹-kha¹
　　楽しそうな　　　　GM　子ども　TOP　即ち　で　山の麓

　　　彳亍　　　一困仔　　　　　　　　　　　(118.02 新社乡一)
　　thit⁴-tho⁵　chit⁸-khun³-a²
　　遊ぶ　　しばらく
　　(しあわせそうな子どもたちは，山麓でしばらく遊んでいた。)

丙類

(37)　伊　这个　　老岁仔　　抵　　坐　　伫　　边仔遮　(10.01 彰化县十九)
　　I¹　chit⁴ e⁵　lau⁷-he³-a²　tu²　　che⁷　ti⁷　pinn¹-a² chia¹
　　彼　この　　老人　　　さっき　座る　に　傍ここ
　　(彼のように年を重ねた人がたったいま傍に座っていた。)

5.2.　Tiam³/tam³(踮)

Tiam³/tam³(踮)は toa³(住)の方言的変異と見なせ，甲乙丙の三類のいずれ
にも用いられる。

甲類

(38)　哎哟～　孙仔，你　踮　　厝个　　啦　　　　(24.08 云林县二)
　　Ai²-io³　sun¹-a² li²　tiam³　chhu³ ⁰e　⁰lah
　　ああ，　孫　　君　いる　家　　　SFP
　　(ああ，孫よ。家にいたんだ。)

閩南語における方位・構文・解釈

乙類

(39) 你　　站　　遮　　捏　　土尪仔？　　　　　　　（62.25 大安乡二）
　　　Li² 　tiam³　chia¹ 　ni¹ 　thoo⁵-ang¹-a²
　　　君　　で　　ここ　　作る　泥人形 DS

（彼はここで泥人形を作って遊んでいる。）

丙類

(40) 胡大海　　你　　犹　　倒　　站　　彼, 　犹　　无　　知
　　　Oo⁵-toa⁷-hai² 　li² 　iu¹ 　to² 　tiam³ 　hia¹, 　iu⁷ 　boo⁵ 　chai¹
　　　胡大海　　君　まだ　横たわる　で　　そこ　まだ　NEG　知る

　　　通　　　起来,　　　　　　　　　　　　　　　　（74.05 大安乡二）
　　　thang¹　khi² lai⁵
　　　べき　　起き上がる

（胡大海，君はまだそこに横たわっていて，いつ起き上がるかわからないのか。）

5.3. Khia⁷(企／徛)

Khia⁷(企／徛)は甲類だけで，乙類や丙類には用いられない。言い換えれば，乙類構文中の前置詞がもし khia⁷(企／徛)によるものの場合，文は連動式と見なせる。

甲類

(41) 就　　安呢　　　上　　陆,　　企　　咧　　沙鹿鎮　（10.09 沙鹿鎮）
　　　Chiu⁷ 　an²-ne¹ 　chiunn⁷ 　liok⁴ 　khia⁷ 　leh⁴ 　soa¹-lak⁸ tin³
　　　即ち　このように　上がる　陸地　住む　に　　沙鹿鎮

（このように上陸して沙鹿鎮に住んだ。）

"乙類"

(42) 我　　企　　伫　　我的　　厝　　楼顶　　　安呢　　　看　　落去,
　　　Goa² 　khia⁷ 　ti³ 　goa² e 　chhu³ 　lau⁵-teng² 　an²-ne¹ 　khoann³ 　⁰loh-⁰khi
　　　私　　立つ　　に　　私の　　家　　屋根の上　このように　見る　　おろす

(私は屋根の上に立ってこのように下を見ていた。)　　　(4.27 高雄一)

丙類

Khia^7(企／徛)はこの構造に入れられない。

6. 結び

「Toa^3(住)」を有する甲類と乙類の構文の主語には人間性[+human]という意味的特徴を必須とするという共通性がある。そのため，両類の構文における主語が非人間性[-human]ということはあり得ない。もしそうでなかったら，文は「*石椅住樹仔骸(*chioh^8-i^2 toa^2 chhiu^7-a^2 kha^1：石の椅子が木の下に住んでいる)」，「*水住渓里着流(*chui^2 toa^3 khoe^1-lai^7 tih^4 lau^5：水が小川に住んでいる)」のように非文法的になる[13]。丙類の文はこれとは対照的に主語は人間性[+human]という意味的特徴を持つ必要がない。例えば「书囥住桌頂(chu^1 khng^3 toa^3 toh^4 teng^2：本はテーブルの上に置かれている)」という文では主語は本，すなわち，非人間である。本稿における考察の結果，toa^3(住)が動詞としての機能と動詞前に位置する前置詞としての機能とにおいて，共通して人間性[+human]という意味特性を持つということが発見されたと言えよう。甲乙類と丙類の構文の違いは主語と toa^3(住)との位置が近いか否かにかかっていると言える。

事態解釈(event construal)(Croft and Cruse 2004)と情報構造内の言語成分の位置づけという観点に立つと，「toa^3(住)」を持つ三つの構文はそれぞれ異なる解釈に従うことになる。甲類の構文の焦点は非特定事態の生じた地点にあり，乙類の構文は単一の特定の事態の背景となる場所を述べ，丙類の構文は予測可能な事態発生の結果を示す。事態の構造という観点から見ると，動詞前に置かれる方位句は構造上，必要性の高い位置を占めて動的事態を示し，一方，動詞の後に置かれる方位句は必要性の低い位置づけで静的事態を示す。さらに，本稿では「toa^3(住)」の文法化(Hopper and Traugott 2003)も取り扱っ

---

[13] この文において主語を擬人化した場合，意味が通じる文章になる。このように解釈するなら，主語は人間性[+human]の意味的特徴を有することになり，本稿の主張を支持することになる。

たが，特に動詞「toa³(住)」の前置詞への接近，変化，また，それに伴う統語的，意味的特性の変化に注目した。

「Toa³(住)」とその類語「ti⁷(伫)」，「tiam³/tam³(踮)」，「khia⁷(企／徛)」との比較から，「toa³(住)」と「tiam³/tam³(踮)」は類似しており，両者は方言的変異であることが判明した。文法化の進度は「ti⁷(伫)」が最も高く，それに「toa³(住)」が続き，「khia⁷(企／徛)」が最も低い。甲乙丙の三構文はそれぞれ独自の意味的，統語的特徴を持つ。三者は置き換えられる関係にはなく，意味的，統語的側面において全く同じとは言えない。例えば意味的限定(Harbour et al. (eds.) 2008)に関しては，甲乙類構文の主語はかならず人間性[+human]であるが，丙類にはこのような制限がない。構文と，動詞と前置詞の固有の意味的特性もまた相関関係がある。そのため「ti⁷(伫)」に関していえば，人間性[+human]という意味的制限は緩和される。

「Toa³(住)」と「tiam³/tam³(踮)」は甲類構文では主動詞であり，乙類では「toa³(住)」と「tiam³/tam³(踮)」，それに続く名詞句は，文の付加詞として機能する方位的前置詞句を形成する。どちらの場合も構造上，必要性の高い位置を占め，主語と緊密な関係を持つ。それゆえ，両者は呼応し合う関係にある。これとは対照的に，丙類では「toa³(住)」と「tiam³/tam³(踮)」は動詞句の中に現れ，そのため，主語とは引き離されている。これが両者に呼応関係のない理由である。こうした見方からすると，閩南語には他の漢語(中国語)同様，語尾変化(屈折)がないにしても，それにも拘わらず，意味的限定という点で，もし構造上の位置が在るべきところにあるなら，動詞，前置詞，主語の間に，或る種の呼応関係が示されるということが言えそうである。

本稿で扱った方位構文は存在構文一般と同じであると言えない[14]。一般的存在構文，方位語は必ずしも前置詞に導かれるとはいえない。例えば「魚池仔骹有水池(hi⁵-ti⁵-a² kha¹ u⁷ chui²-ti⁵：養殖用の池の下には貯水池がある(44.2 罗陈)」が挙げられる。つまり，ここでは方位句は主語の位置に現れている。さ

---

[14] 存在文については丁声樹他(1961: 78–87)，范方蓮(1963)，王还(1957)，詹开第(1981)，连金发(2004)を参照。

らに，存在構文には動作主が要らない。しかしながら，本稿の甲乙二種の方位構文は動作主を含み，また，少なくとも人間性[+human]の意味的特徴を有するのが普通だとした。

付 記

本稿はNSC-ANR DIAMIN（台法研究計画）「閩南語の歴史的変遷」（NSC 98-2923-H-007-001-MY3）の研究成果の一部である。本稿は日本中国語学会第59回全国大会（2009年10月，於北海道大学）での発表に基づき，その後，さらに考察を加えたものである。発表の際，多くの示唆に富むコメントを下さった参加者の方々にお礼申し上げたい。本稿執筆にあたり助手・王小梅氏の多大なる助力を得た。ここに記して感謝の意を表したい。また，本稿の翻訳担当者永江貴子氏に心よりお礼申し上げます。本稿の執筆にあたり最終稿を手直ししてくださった氏家洋子氏（ノートルダム清心女子大学）に心から感謝申し上げます。

参照文献

Croft, William and D. Alan Cruse (2004) *Cognitive linguistics*. Cambridge: Cambridge University Press.

丁声树他 (1961)『现代汉语语法讲话』北京：商务印书馆.

Douglas, Rev. Cartairs (1873) *Chinese-English dictionary of the Vernacular or spoken language of Amoy with the principal variations of the Chang-chew and Chin-chew dialects*. London: Trubner and Co.

范方莲 (1963)「存在句」『中国语文』126: 386–395.

Goldberg, Adele (1995) *Constructions: A construction grammar approach to argument structure*. Chicago: University of Chicago Press.

Harbour, Daniel, David Adger and Susana Béjar(eds.) (2008) *Phi theory: Phi-features across modules and interface*. Oxford: Oxford University Press.

Hopper, Paul J. and Elizabeth Closs Traugott (2003) *Grammaticalization*. Second ed. Cambridge: Cambridge University Press.

Kratzer, Angelika (1995) Stage-level and individual-level predicates. In: Gregory N. Carlson and Francis Pelletier(eds.) *The generic book*, 125–175. Chicago: University of Chicago Press.

连金发 (2004)「台湾闽南语的存在句——动词固有意义和动相，格式的互动——」石

锋・沈钟伟(編)『王士元教授七十华诞庆祝文集——乐在其中——』144-157. 天津：南开大学出版社.
王还 (1957)「说"在"」『中国语文』56: 25-26.
詹开第 (1981)「有字句」『中国语文』160: 27-34.

用例典拠

編集者	刊行年	書名	出版元	本稿の略称
胡万川	1998	罗阿蜂,陈阿勉故事專輯	宜蘭市：宜蘭縣立文化中心	罗陈
胡万川	1998	苗栗县闽南语故事集	苗栗县立文化中心	苗栗
胡万川 黃晴文	1996	新社乡闽南语故事集一	豊原市：台中县立文化中心	新社一
胡万川 黃晴文	1997	新社乡闽南语故事集二	豊原市：台中县立文化中心	新社二
胡万川	1994	沙鹿镇闽南语故事集	豊原市：台中县立文化中心	沙鹿
胡万川	2005	沙鹿镇闽南语故事集二	豊原市：台中县立文化中心	沙鹿二
胡万川	1993	石冈乡闽南语故事集二	豊原市：台中县立文化中心	石冈二
胡万川 黃晴文	1996	清水镇闽南语故事集一	豊原市：台中县立文化中心	清水一
胡万川	1994	大甲镇闽南语故事集	豊原市：台中县立文化中心	大甲
胡万川	1998	大安乡闽南语故事集二	豊原市：台中县立文化中心	大安二
胡万川 王正雄 張裕宏	1998	外埔乡闽南语故事集	豊原市：台中县立文化中心	外埔
胡万川	1994	彰化县民间文学集四	彰化市：彰化县文化中心	彰化四
胡万川 賴萬發	1995	彰化县民间文学集五	彰化市：彰化县文化中心	彰化五

胡万川 叶翠华 陈素主	1995	彰化县民间文学集七	彰化市 :彰化县文化中心	彰化七
胡万川	1996	彰化县民间文学集九	彰化市 :彰化县文化中心	彰化九
胡万川 康原 陈益源	2003	彰化县民间文学集十九	彰化市 :彰化县文化局	彰化十九
胡万川 陈益源	1999	云林县闽南语故事集一	云林县斗六市 :云林县文化局	云林一
胡万川 陈益源	1999	云林县闽南语故事集二	雲林县斗六市 :雲林县文化局	云林二
胡万川 陈益源	1999	云林县闽南语故事集三	雲林县斗六市 :雲林县文化局	云林三
胡万川 陈益源	1999	云林县闽南语故事集四	雲林县斗六市 :雲林县文化局	云林四
胡万川 陈益源	1999	云林县闽南语故事集五	雲林县斗六市 :雲林县文化局	云林五
江宝钗	2000	嘉义市民间文学集五	朴子市 :嘉義县立文化中心	嘉义五
胡万川	2001	台南县闽南语故事集二	台南县 :台南县文化局	台南二
高雄县政府文化局	2000	高雄县(凤山市)闽南语故事集一	高雄县政府文化局	高雄一

（翻訳者：永江貴子）

8
現代中国語における＜変化＞事象の捉えかたと構文特徴

古川　裕

要旨　中国語の言語事実は，我々が＜変化 change＞と捉える事象に少なくとも二つの異なった認知的捉えかたがありうることを示唆する。一つは＜断続的変化＞であり，もう一つは＜連続的変化＞である。前者は二つの参与者AとBの間に生じる交替的な変化事象と捉えるもので，中国語ではこのような＜B→A＞への断続的で点的な変化を動詞"換"によって言語化する。後者は特定の参与者の身の上に生じる連続的な変容事象と捉えるもので，このような＜a→A＞への線的な変化を中国語は動詞"変"によって言語化する。本稿では，このように相異なる二つの認知的捉えかたが中国語の語形成レベルおよび構文レベルにおいて，それぞれどのような特徴を惹起しているかについて分析を行う。

1. はじめに

　＜変化 change＞は近年の社会世情を反映する，いわば国際的なキーワードである。アメリカのオバマ大統領が選挙戦で唱えて一躍有名になったキャッチフレーズ"Yes, we can change！"を持ち出すまでもなく，＜変化＞は我々を包む外的世界においてきわめて日常的に生じる事象（イベント，event）である。
　本稿では，主として中国語の話者が外界に生じる＜変化＞という事象をどのように捉え，その捉えかたの違いがどのように現代中国語の動詞の使い分けや文法構造に反映しているのかを論じる。必要に応じて日本語との対照について

も説き及び，両言語の個性と共通性を観察したい。

2. "换了一个人"と"变了一个人"

　まずは上に挙げたシンプルな実例のペアから見てみよう。一見してわかるように，"换了一个人"と"变了一个人"は動詞の"换"と"变"が異なるだけで，いずれもいわゆる＜変化＞をあらわしていることにおいては変わりがない。では，この両者が描いている外界の事象はいったいどこが同じで，どこが異なるのだろうか。これを裏返して問いなおせば，中国語では，どのような＜変化＞に"换"を用い，どのような＜変化＞に"变"を用いるのか，という問題である。そこで，コーパスから収集した例文を二つずつ見てみよう[1]。

〔换了一个人〕
(1) 　不知道是什么原因，故事的主角突然换了一个人。
　　　（どういう理由なのかわからないが，物語の主人公がかわった。）
(2) 　我们常看见她蓬着头出来买咸菜，买壁虱(即臭虫)药，买蚊烟香，脸色黄巴巴的，不怎么好看。可是因为年纪还轻，拢光了头发，搽了脂粉，她就像换了一个人，以前看不出的好看处全露出来了。
　　　（…歳も若いので，髪をとかして，お化粧をすると，彼女はまるで人がかわったかのようで，前には見えなかった美しさがすべて表に現れた。）

〔变了一个人〕
(3) 　有一分钟静宜的脸是青黄的，紧张的，她确实在认真地判断着这是梦还是事实。一分钟之后她变了一个人。笑容使她面如桃花。
　　　（一分間，静宜の顔は青ざめ，緊張していた。彼女はこれが夢か現実かを一生懸命に考えた。一分後に彼女は別人にかわった。その笑顔は桃の花のようだ。）

---

[1] 　本稿で引用する例文は，北京大学のCCL語料庫および北京外国語大学日本学研究センターの日中対訳コーパスから収集したものである。

(4) 我把月红的头发浸在温水里，轻轻地一绺一绺地拆洗着，不知洗了多久，那头发才一根根地疏松了。我又为她洗了脸，洗了手，把她乌黑的头发梳成了两根光油油的小辫儿，还给她剪了一排齐眉穗儿，再让她换上崭新的花布褂。月红顿时<u>变了一个人</u>。站在我面前的是一个多么清秀整洁的小姑娘啊！
（私は月紅の髪を湯に浸し，そっと洗った。しばらくして，その髪は一本ずつにほどけた。また彼女の顔や手を洗った。黒髪を二本のお下げに編み，髪の毛をそろえ，真新しい服に着がえさせた。月紅は一瞬にして<u>別人</u>にかわった。私の目の前に立っているのは何と可憐な少女であろうか！）

ここで指摘できる重要なポイントは，"换了一个人"と"变了一个人"で各々の＜変化＞事象に関係する参与者の数が違うという点である。

例(1)において"换了一个人"があらわしているのは，二人の人間の間に生じた役割交替という＜変化＞事象である。すなわち"故事的主角突然换了一个人"（物語の主人公がかわった）が描いている外的事象とは，もともとドラマの主役はBという役者が演じていたが，新たに別の役者Aが演じることになったという事態である。BからAへ主役が＜変化＞したわけである。ここでは変化前のBおよび変化後のAという二人の参与者が必要である。であってみれば，単数の代名詞"她"「彼女」が主語になる"她换了一个人"は本来成立しないはずであるが，実際には上例(2)のような表現が成立するのはなぜだろうか。それは，下の例(5)や(6)にも見られるように，"像，好像，仿佛，简直，…似的"「まるで，あたかも…のような」のような比喩や推測をあらわす成分が共起することによって，それが現実に生じた客観的事態を描く文としてではなく，あくまでも一種の比喩として「まるで別人になったかのようだ」と提示されているからである。

(5) 李冰冰最新写真，<u>简直是换了一个人</u>，脸颊没了，下巴长了！她是不是整容了？

(李氷氷の最新の写真では，まるで別人になったかのようだ。頬がなくなって，顎が延びている！彼女は整形したのか？)

(6)　上次陪姐姐去拍婚纱，化妆之后，我差点就没认出来，换了一个人似的。
(この前，姉が結婚写真を撮るのにつきあった。化粧したあとはほとんどわからないほど別人になったかのようだった。)

さて，もう一方の動詞"変"を用いた例(3)と(4)を見てみると，いわば小文字のaが大文字のAへと＜変化＞するように，同一人物の身の上に生じた質的な＜変化＞事象を描いていることに気がつく。この事態にとって複数の参与者は必要ではなく，ある特定単一の参与者がアイデンティティを保ちながら質的に変容してゆくことを述べるものである。たとえば，(3)"一分钟之后她变了一个人。笑容使她面如桃花。"(一分後に彼女は別人にかわった。その笑顔は桃の花のようだ。)は，青ざめて緊張していた彼女の表情が笑顔に＜変化＞したことを描いている。次の例文(7)もこの見方をサポートする。これは実際には女子大生である"道静"が，尊敬する先生の前ではまるで少女のように＜変化＞する，ということを描いている例文である。これらすべて，ある単一のモノの身の上に生じる＜変化＞を描いている。

(7)　道静在她尊敬的老师面前变成了一个小女孩，她好像受到委屈般地鼓起了嘴巴。
(道静は尊敬する先生の前では一人の少女にかわって，不服そうにほっぺたをふくらませた。)

以上の考察により，動詞"換"と"変"の違いを考えることによって，いわゆる広義の＜変化＞事象には少なくとも二種類の様相がありうることが明らかになった。その一つは，ある物体Bが別の物体Aに＜変化＞するパターンである。これは，相異なる二つの物体AとBの間で交替が発生するという点で＜断続的変化＞と呼べるものである。更にもう一つは，ある物体aがそれ自身

のアイデンティティを保ちながら変容しつつ，Aへと＜変化＞するあり方である。こちらは，物体 a と A との間にアイデンティティが保たれ続けている点において＜連続的変化＞と呼ぶことができる。前者は点的な交替で，デジタル風の＜変化＞であるのに比べ，後者は線的な変容で，アナログ風の＜変化＞である。この二種類の＜変化＞を簡単に図示すれば，下のようにあらわされよう。

〔换了一个人〕　　　　B　　→　　A
　　　　　　　　　＜BからAへの断続的な変化＞

〔变了一个人〕　　　　$a1 \to a2 \to \cdots \to A$
　　　　　　　　　＜aからAへの連続的な変化＞

　ここで再度確認しておきたいのは，動詞"换"と"变"には，それぞれ＜変化＞という事象の捉えかたの違いが色濃く反映していることである。あるモノの現状の姿が同じくAであったとしても，＜変化＞前の状態が他者Bであったと見るか，＜変化＞前の状態がAと同一個体のaであったと見るのかを描き分けるために，現代中国語は"换"と"变"二つの動詞を用意しているというわけである。
　以上の考察は，動詞の使い分けという語彙レベルにおける考察であったが，次に節を改めて，それぞれの動詞が構成する構文のレベルにおける文法的特徴を見てみたい(池上1981，影山1996，沈家煊2000)。

3. ＜断続的変化＞の"换"
3.1. 二つの参与者間で生じる＜断続的変化＞事象
　先に見たように，動詞"换"はAとB二つの参与者の間における交替あるいは交換という＜変化＞事象が生じたことを描くための動詞である。考察と記述の便のため，本稿では＜変化＞前の物体・モノをB(BはBeforeの頭文字で

もある)と記号化し，＜変化＞後の物体・モノをA(AはAfterの頭文字でもある)と記号化する。より抽象的に言えば，Bは＜変化＞事象の起点sourceであり，Aはその終点goalであると見なすことも可能である。いずれにせよ，AとBはもともと別のモノ(もしくは，別のコト)であるから，両者の間には質的な連続性がない。このタイプの＜変化＞を＜断続的変化＞と呼ぶゆえんである。ちなみに，このような＜断続的変化＞は，日本語では「BをAにかえる/BがAにかわる」，「BからAにかえる/BからAにかわる」，「BとAをかえる/BとAがかわる」と言語化され，「かえる(かわる)」は「換える(換わる)」，「替える(替わる)」，「代える(代わる)」，「更る」などの同訓異字によって漢字表記される(佐藤2005)。なお，日本語で「かえる」は補助動詞となって「着がえる」，「履きかえる」，「乗りかえる」，「買いかえる」，「取りかえる」，「付けかえる」，「読みかえる」，「書きかえる」，「住みかえる」，「組みかえる」…など多くの複合動詞を生産的に派生するが，中国語の場合"換"が補語になることはない。中国語の"換"は，意味の近い形態素と合成して"変換，替換，更換，交換，転換，改換(改名換姓)，輪換，兌換，対換，脱換(脱胎換骨)"のような二音節の複合語(合成詞)を形成し[2]，＜変化＞をあらわす語彙のネットワークを豊かにしている。

さて，下に掲げるイメージスキーマ(池上1995)は，動詞"換"によって描かれるA・B二者間に生じる＜断続的変化＞という事象を図示したものである。

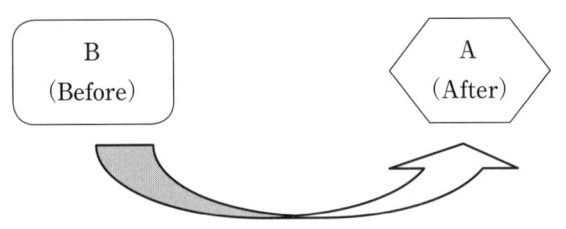

図1：動詞"換"が描く＜断続的変化＞の基本スキーマ

---

[2] 複合語の語形成では，なぜか"換"はもっぱら2文字目に位置することが多い。

この基本スキーマをそのまま言語化すれば〔主語 B + "换" + 目的語 A〕「B が A にかわる」という基本構文ができあがる。たとえば、"鸟枪换炮"とは主語の B "鸟枪"「鳥撃ち用の鉄砲」が目的語 A "炮"「大砲」に"换"＜変化＞すること、すなわち状況や条件が格段によい方向へと＜変化＞することを比喩的に表現した成語である。次の例もこのパターンで、「中国銀貨1元がもともと8フランに、今は14フランも、あるときなどは25フランにかわった」というように換金レートの変動を述べている。

〔主語 B + "换" + 目的語 A〕「B が A にかわる」
(8) 从 1919 年冬季开始，法国的经济状况更加恶劣。法郎不断贬值，中国银元原来<u>一元</u>可以<u>换八个法郎</u>，现已可<u>换十四法郎</u>，最后曾一度可<u>换二十五个法郎</u>。
(1919 年の冬からフランスの経済状況は更に悪化した。フランはどんどん値を下げ、中国銀貨1元はもともと<u>8フランだったのが、14フラン、あるときには25フランにかわった</u>こともあった。)

3.2. 動詞"换"の文法的振る舞い
3.2.1. "换"＋目的語名詞
　二つの参与者間で生じる＜変化＞として捉えられる典型的な事象には、たとえば「(外貨の)両替え」、「(衣服の)着がえ・(季節ごとの)衣がえ[3]」、「(乗り物の)乗りかえ、買いかえ」、「(自動車の)タイヤ交換」、「(チームゲームにおける)メンバーチェンジ」など数多くの日常的な動作行為がある。改めて贅言するまでもなく、「両替え」"换钱"とはある国の通貨 B を他国の通貨 A に等価で＜変化＞させる行為であるし、「着がえ」"换衣服(换衣裳, 换装, 换衣)"とは、先に身に着けていた衣服 B を新たに別の衣服 A へと＜変化＞させる動作である。

---

[3] 日本語では一般的に、「着がえ」に「着替え」や「着換え」、「衣がえ」には「衣替え」や「衣更え」などの同訓漢字をあてる。

具体的に実例を見てみると，動詞"換"は以下に見るような名詞を目的語に取って，さまざまな＜断続的変化＞を描く動目フレーズを構成する。

(9) 〔換装／換肩章〕「着がえる，肩章を付けかえる」
"快換装。"于观朝他们喊，"来不及就光换肩章。"
(「早く着がえろ」于観が彼らに向かって言った。「間に合わないなら，肩章だけでも付けかえろ」)

(10) 〔换牙〕「子供の歯が生えかわる」
儿童6-10岁时正经历换牙阶段。脱落乳齿长出恒齿，在学校里我们经常可以遇到掉了大门牙面带笑容的小学生。儿童换牙对家长来说是一件大事，他们会感到自己的孩子又进入到人生的一个新的阶段。
(児童が6～10歳になると歯が生えかわります。乳歯が抜けおちると永久歯が生えてきます。前歯が抜けおちてにこにこしている子供たちを学校でよく見かけますね。子供の歯が生えかわるのは親にとっては大事件で，子供たちがまた一段と成長したことを感じます。)

(11) 〔换尿布〕「おしめ(おむつ)を取りかえる」
陈玉英把"丈夫"拦住，推上床去，一边给孩子换尿布，声调呜咽地说着："这一年多，也真把你苦了……又当爹又当妈，孩子一哭，紧溜儿地就下床……"
(陳玉英は夫を押さえ，ベッドのわきで子供のおむつをかえて，むせび泣きしながらこう言った「この一年あまり苦労かけました。父となり母となり，子供が泣けば，すぐにかけ寄ってくれて…」)

(12) 〔换车〕「乗りかえる」
张秀藻坐公共汽车回家。同去时一样，她乘车和换车都出乎意料地顺利。她在鼓楼前下了8路公共汽车。
(張秀藻はバスで帰宅した。行きと同じように，バスに乗るのも乗りかえるのも予想以上に順調だった。彼女は鼓楼前で8番のバスを降りた。)

3.2.2. "換了"＋(数量詞)＋目的語名詞

「着がえ」という行為は，二つのモノ(衣服)の間で＜断続的変化＞が生じる典型的な動的事象である。この事象を言語化する場合を考えてみるとき，中国語の言語事実はきわめて示唆に富む例を提供してくれる。たとえば"換西服"という動目フレーズが有する両義性(曖昧性 ambiguity)である。輿水(1980)が夙に指摘したように，"換西服"は「洋服を着がえる」と「洋服に着がえる」の両方の意味を持ちうるのである[4]。ここで，前者「洋服を着がえる」の意味解釈にたてば"換西服"の"西服"は＜変化＞前のモノ B，すなわち対象目的語であり，＜変化＞の起点でもある。他方，後者「洋服に着がえる」の意味解釈にたてば"換西服"の"西服"は＜変化＞後に現れるモノ A であり，ここでは結果目的語，つまり＜変化＞の終点として機能しているというわけである。格助詞「を，から，に…」のように明確な意味関係の標識を持たない中国語のおもしろさがここにある[5]。

しかし，この両義性をいったん認めた上で更に注意すべきことは，動詞"換"，あるいはそれが従える目的語の名詞が形態構成した場合，その動詞＋目的語フレーズは「着がえ」という行為が終わったあとの状態，すなわち＜変化の結果＞としての読みが強く優先するという傾向である。具体的に言えば，動詞"換"が実現相のアスペクト助詞"了"を伴って「"換了"＋目的語名詞」の形式になったとき，その意味解釈は「A に着がえた」という読みが圧倒的に優先する。目的語を＜変化＞前のモノと読む「B を着がえた，B から着がえた」と

---

[4] 輿水(1980: 182)では，「"我到房間里換衣服去了"(わたしはへやへ着かえに行った)における"換衣服"は『服をきかえる』であって，『服にかえる』とはなりません。しかし，もし"換西服"としたら，『洋服をかえる』とも『洋服にかえる』ともなり得ます。万一，意味がまぎらわしければ，たとえば前者を"換換西服"，後者を"換上西服"などとこまかく表現して，区別がつきそうです。」と述べている。

[5] 古川(2002, 2004, 2006, 2007)では，現代中国語の単語，フレーズ，構文の各層において起点指向と終点指向の反義性が同じ一つの言語形式上に矛盾なく共存しうることを指摘し，それらを「凹凸転換」というアイデアを使って体系的に論じた。"換西服"の両義性も，まさにこの凹凸転換の一つの具体例であると言えよう。

いう解釈は劣勢で，特殊な文脈の中でしか許されない有標の読みである[6]。たとえば，下の例(13)が示すように"换了印度装"は「インドの服に着がえた」のであって，決して「インドの服を／から着がえた」のではないし，これと同じように(14)"换了便装"も「普段着に着がえた」のであって，「普段着を／から(別の服に)着がえた」のではない。

(13) 正说着，萨黑夷妮又下楼来了，已经<u>换了印度装</u>，兜着鹅黄披肩，长垂及地。
    (ちょうど話しているときに，サヘニが階段を下りてきた。彼女はもう<u>インド服に着がえて</u>いて，床に届くほど長い黄色いショールを肩にかけていた。)
(14) "他们这么对待赵老真是太过份了。"已经<u>换了便装</u>的刘顺明说，"有意见可以提嘛。"
    (「彼らがこんな風に趙さんを扱うのはひど過ぎる」既に<u>私服に着がえた</u>劉順明がこう言った「文句があるなら言えばいい」。)

同様に，以下の３例も実現相の"换了"を用いて表現されたさまざまな動作行為であるが，いずれも例外なく「Aにかえた」タイプの＜変化＞事象を描いている。

(15) 〔换了新车〕「(古い車を)新車に買いかえた」
    他<u>换了新车</u>。从一换车那天，他就打听明白了，…
    (彼は<u>新車にかえていた</u>。車をかえたその日から…)
(16) 〔换了圆珠笔〕「(万年筆を)ボールペンにかえた」
    大家都小心翼翼地收起所有带尖的利器，用钢笔的全<u>换了圆珠笔</u>。
    (みんな注意して先のとがった文具を収納した。万年筆を使っていた

---

[6] 収集例の中では"巧云<u>换了湿衣裳</u>."「巧雲は<u>濡れた服を着がえた</u>。」という一例が見つかっただけである。わざわざ濡れた服に着がえる人はあまりいないから，この例も目的語に含まれる修飾語"湿"があればこそＢとしての意味に傾斜したものと考えられる。

のもすべてボールペンに持ちかえた。)
(17) 〔換了調羹〕「(箸を)チリレンゲに持ちかえた」
年纪较小的觉群和觉世因为挟菜不方便，便跪在椅子上，放下筷子，换了调羹来使用。
(歳の小さな覚群と覚世は料理をうまく挟めないので，椅子に座って，お箸を置いて，チリレンゲにかえて使った。)

　また，目的語の名詞が数量詞を伴ったときにも「Aに着がえる」という読みが優先する[7]。たとえば，下例(18)〜(22)の目的語はすべて数量詞を名詞の前に伴ったかたちの名詞句であるが，これらの名詞句の指示物はいずれも「着がえた」あとの結果として新たに身体上に現れた服装，すなわち図1のAにほかならない。たとえば，例(18)の"一条淡绿的下衣"「淡い緑色の下着」は，"她(虎妞)"「彼女」が着がえたあと新たに身につけたモノ，つまりAである。他の例もすべて「Aに着がえた」という＜変化＞後の結果状態を伝えている実例ばかりである。

〔換了＋数量詞＋名詞句〕
(18) 祥子进去，她正对着镜子擦粉呢，还穿着那件粉红的卫生衣，可是换了一条淡绿的下衣。
(祥子が入ってゆくと，彼女は鏡に向かって化粧をしていた。ピンクの服を着ていたが，淡い緑色の下着に着がえていた。)
(19) 赫连都换了一身白法兰绒的西服出来，显得格外精神。今天的舞会特别热烈。
(赫連都は白のベルベットのスーツに着がえて，とりわけ輝いて見え

---

[7]　言うまでもなく「数量詞」とは「数詞」と「量詞」が結合した複合成分(フレーズ)であって，品詞名ではないが，ここでは記述の便から「数量詞」と呼ぶ。実際の運用例では，数詞が省略されて量詞のみが残存する場合(たとえば"说(一)句实话"，"喝(一)杯茶"，"有(一)点儿"，"这(一)本书"など)が非常に多いが，このような量詞だけの場合でも理論的には数詞の存在が不可欠と認められるので「数量詞」と呼ぶことにする。

(20) 三弟在车上就非常烦躁不安，到了我的住处，他匆匆的洗了澡，<u>换了一身很漂亮的西装</u>，匆匆的又出去。
(弟は車内ではいらいらしていた。私の家に来ると，彼はそそくさとシャワーを浴びると，<u>きれいな洋服に着がえて</u>，そそくさと出て行った。)

(21) 第三天的傍晚，姑母叫道静<u>换了一身农村姑娘的衣服</u>，就把她领到西边二十五里她的家里。
(三日目の夜，伯母は道静を<u>農村の娘の服に着がえさせて</u>，彼女を25里西にある彼女の家に連れて行った。)

(22) 他们也有年，也有节。逢年过节，除了<u>换一件干净衣裳</u>，吃得好一些，就是聚在一起赌钱。赌具，也是钱。打钱，滚钱。
(彼らも年越しをする。年末年始になると，<u>きれいな服に着がえ</u>，おいしいものを食べるほかは，皆が集まって，ばくちをするだけだ。賭けるのは金だ。金を転がす。)

以上の考察からわかることは，動詞"换"を用いて描かれる＜断続的変化＞事象は，それが既に実現している場合(これは，裸の動詞"换"がアスペクト助詞"了"を伴うことで動詞句へと形態構成することによってあらわされる)，あるいは，目的語名詞句の指示物が有界性を保証されているような場合(これは，裸の名詞が数量詞を伴うことで名詞句へと形態構成することによってあらわされる)，当の目的語は＜変化の結果＞として新たに出現したモノAを描こうとするということである。「ある動作行為の結果として，新たに出現するモノ」という一般化によってくくれるものの典型は現象文の目的語("来了一个人"「人が来た」や"死了一个人"「人が死んだ」の"一个人")であり，その周辺に結果目的語("挖了一个洞"「穴を掘った」の"一个洞")や痕跡目的語("跑了一身汗"「走って汗だくになった」の"一身汗")などがある[8]。本稿は"换了一个人"もこの

---

[8] 結果目的語については譚景春(1996, 1997)，王秀珍(2000)を参照されたい。

構文系列に連なる事例として捉えるべきであると主張したい。

このような既実現(已然)のコトにおける結果指向性は，中国語の動詞述語文に一貫して伏流する大きな文法的特徴である。それと同時にまた，数量詞を伴った目的語名詞句がもっぱら＜変化＞後に現れたモノを描こうとする結果指向性も，動詞が有する文法的特徴と実は軌を一にしていると言わなくてはならない。これを突きつめて言えば，中国語の数量詞は必ずしもモノの数をカウントするためだけに用いられるのではない，ということである。たとえば，先に見た例(18)～(22)における"一条"，"一身"，"一件"などの数量詞には計数(計量)の機能が認められない。なぜなら，一人の人間が身につける衣服は本来的に「一着」("一条"，"一身"，"一件")に限られるからであり，ここで数詞の"一"が伝えている情報価値は剰余的で，もはやゼロに等しいと言ってよい。つまり，衣服の数を数えるためにこれらの数量詞が使われているのではないということである。この点は，上の諸例において数詞を"両"以上の複数・多数形式にすることが論理的にありえないことからもサポートされよう。

では，そもそも中国語の文構成において，数量詞はいったい何のために使われるのか？この問題に関する本質的な議論は既述の拙稿(古川 2001, 2007, 2008)に譲るが，下の諸例も示すように，数量詞によって形態構成されたこれらの目的語は，その名詞の指示物が動作行為"换"が実現したあとに——すなわち＜変化＞の結果として——新たに出現したモノであるということを明示しているのだと考えるのが生産的であろう。換言すれば[9]，新たに出現したモノには数量詞の標識がつく(古川 1997a, 1997b)，ということである。

〔换了＋数量詞＋B〕「Bにかえた」
(23)　等到巴西使馆的人闻讯赶来时，派出所<u>换了一个牌子</u>，改成了保育站，所有的警察都穿上了白大褂，假装在给黑女人洗脸。… 等到使馆的人赶

---

[9] 「換言する(ことばを言いかえる)」というのも＜変化＞事象の一つの例であるが，中国語では"换句话来说…"のように量詞"句"を加えて言わなければならない。この量詞も"话"の数をカウントしたり，分類したりするために機能しているのではない。言いかえた後の言語表現(Aに相当する)を指向していると考えられる。

来，那派出所又<u>换了一块牌子</u>，"美容院"。(＝新しい看板にかわった)
(…派出所は<u>看板がかわって</u>，保育所になっていた。…大使館の人が駆けつけると，その派出所はまた<u>看板がかわって</u>，美容院になっていた。)

(24) 我们这个军队也好啊！尽管现在<u>换了一些年轻人</u>，军长我一个都不认识，但是这个军队确实保持了好传统。(＝若い人たちにかわった)
(我が軍は素晴らしいぞ。何人かは<u>若い人</u>にかわってしまい，私は軍長を誰も知らないが，この軍隊はよい伝統を維持している。)

(25) 满座都笑起来。众人异口同声地叫着："罚！罚！"淑英只得认错，叫仆人<u>换了一杯热酒</u>，举起杯子呷了一口。(＝熱いお酒にかえた)
(皆が笑った。皆が異口同音に「飲め，飲め」と叫んだ。淑英は召使を呼んで<u>熱いお酒にかえさせて</u>，グラスを挙げて一気に飲み込んだ。)

(26) 她略一停顿，立即<u>换了一支旋律舒缓而辽阔的曲子</u>。(＝スローな曲にかえた)
(彼女は少し間をおいてから，<u>スローなテンポの曲にかえた。</u>)

(27) 解放后好多年了，直到小徽子上中学的时候，老薛<u>换了块上海牌全钢表</u>，才把解放初置的一块苏联半钢表给了她，她的手腕子才算跟手表这玩意结了缘。(＝上海ブランドの腕時計にかえた)
(解放後何年もしてから，娘が中学に上がるときになって，薛さんは<u>上海ブランドのスチールベルトの腕時計にかえ</u>，解放初期に買い置きしていたソ連製のスチールが半分だけの腕時計を彼女にくれたので，こうして彼女はやっと腕時計と縁ができた。)

3.3. "换上"と"换下"

「着がえ」をめぐって更にもう一点指摘したいのは，動詞"换"が直後に"上"と"下"を補語として伴うときの違いである。本来"上"と"下"は"走上：走下"「歩いて上がる，歩いて下りる」のように空間的な上下移動を描く反義ペアである。しかし，我々にとってとりわけ興味深いのは，これらが"换"の補語になるときに，"换上"は「着がえ」後のAを目的語に取り，"换下"は「着がえ」

現代中国語における〈変化〉事象の捉えかたと構文特徴   177

前のBを目的語に取るという分業が見られることである。
　まず"換上"の実例を見てみよう。

〔換上＋A〕「Aに着がえる」
(28)　奶奶<u>换上了一件深红上衣</u>，头上的黑发用梳头油抹得乌亮。
　　　（お婆ちゃんは<u>濃い赤色の上着に着がえて</u>，髪も油で真っ黒になっていた。）
(29)　在高家，老爷，太太，少爷，小姐们齐集在堂屋里面，全<u>换上了新衣服</u>，太太们还系上了裙子。
　　　（高家では旦那様，奥様，坊や，お嬢ちゃんが一室に集まって，皆<u>新しい服に着がえていた</u>し，奥様がたはスカートを穿いていた。）
(30)　五月的松山象一幅展开的绿色画卷。漫山的长青松柏已经<u>换上了新的绿装</u>，迎春花褪去了金黄色的花瓣，生出了翠绿的新芽儿。
　　　（五月の松山は緑色の絵巻物のようである。山を覆う一面の黒松は<u>新しい緑色の装いにかわって</u>，迎春花も黄金色の花びらを散らして，そこには初々しい黄緑の新芽が芽吹いていた。）
(31)　回家把军装脱了，又<u>换上件棉袍</u>，坐电车奔了前门。
　　　（帰宅して軍服を脱いで，<u>綿の上着に着がえて</u>，電車で前門に向かった。）

〔把A＋换上〕「Aに着がえた」
(32)　第二天早上，高二林匆匆忙忙地吃了几口粥，<u>把嫂子洗干净的裤子换上了</u>，把小褂子上掉下的钮扣自己钉上了，把布鞋脱下来，合在一块儿拍了拍，又重新穿上。
　　　（二日目の朝，高二林はそそくさと粥をすすると，<u>兄嫁が洗ってくれたズボンに穿きかえて</u>，チョッキから落ちたボタンを自分でとめて，布靴を脱いで底を合わせてパタパタと叩いてから，またそれを穿いた。）

たとえば(28)の"奶奶换上了一件深红上衣"は「お婆ちゃんが濃い赤色の上着

に着がえた」こと，つまり「濃い赤色の上着」は着がえたあとの服，すなわち＜変化＞後にお婆ちゃんの身体の上に新たに現れたモノAである。他の例も同様に考えてよい。

次は"換下"の実例である。

〔換下了＋B〕「Bを着がえた・Bから着がえた」
(33) 在病床上等待妈妈来接我出院的时候，我多想飞跑着扑进她的怀抱啊，可是我却连坐的力气都没有。妈妈为我换下了病号服，我是那样高兴。我就要属于外面那个绿草蓝天的世界了。
（病床で私の退院を迎えに来てくれる母を待っていた。母の胸の中に飛び込んで行きたかったが，私には座る力もなかった。母は私の病院服を着がえさせてくれて，私は本当に嬉しかった。私は外のあの緑と青空の世界に戻るのだ。）

〔換下来的B〕「着がえて，脱いだB」
(34) 和往常一样，她跟着母亲进了里面，先到母亲的房间，看女佣李嫂伺候母亲换了衣服，自己给母亲把换下来的出门的新衣折好，放进衣柜里去。
（…お手伝いの李さんは母が着がえるのを手伝って，母の脱いだお出かけ用の新しい服を折り畳んで，タンスにしまった。）

(35) 包里是今早上换下来的衣服。中间夹着一封信。我抽出来，头一眼看见的是加丽亚塞在我的塑像中的那个便条。
（包みの中には朝脱いだ服があった。その間には手紙が一通挟まっている。最初に目に入ったのはカリアが私の塑像に入れたあの便箋だった。）

たとえば(33)"妈妈为我换下了病号服"「母が私の病院服を着がえさせてくれて」における"换下"の目的語名詞"病号服"は，私が着がえる前に着ていた病院服，つまり＜変化＞前のモノBである。この点で"换下＋B"(Bを着がえる)は，同じように補語"下"と相性がよい"脱下＋B"(Bを脱ぐ，脱ぎ去る)に通じ

現代中国語における＜変化＞事象の捉えかたと構文特徴　　179

る構造であると言えよう。また，(34)と(35)はともに"換下来的N"の形式をしているが，被修飾語になっている底の名詞Nは着がえる前に着ていた服，やはりBである。

では，この用法は先に見てきた"換"の基本的な用法とどのように関連しているのだろうか。ここで"換"の基本スキーマを思い出してみよう。図1の関係性を維持したまま横向きに描かれていたスキーマを縦向きに90度回転させれば，上下関係を反映した新たな派生スキーマが自動的に立ちあがるではないか。この図2が示す通り，Bは＜変化＞事象の下にある起点であり，Aがその上にある終点である。このようにして，我々は動詞"換"の基本スキーマが保持されたまま，"換上"と"換下"が派生しているありさまを見ることができよう。

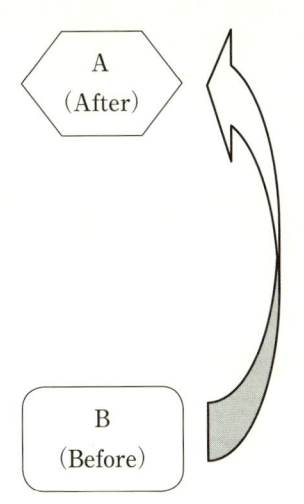

図2："換上"，"換下"の派生スキーマ

3.4. 介詞と"換"

周知の通り，格助詞に相当する後置詞が存在しないのが中国語文法の特徴ではあるが，前置詞として機能する介詞を視野に入れると"換"にもこれまであまり指摘されることのなかった個性が見えてくる(崔希亮2006)。

"換"があらわす＜変化＞事象には二人の参与者A・Bが必要であるというこ

とは既に何度も強調してきたことであるが，参与者自身が交替するのではなく，両参与者間において何モノか（ここではCと記号化する）が交換される場合がある。その場合は，〔A 和 B 換 C〕，〔A 跟 B 換 C〕という構文でその事象を描くことになる[10]。次の二例がその実例である。

〔A 和 B 換 C〕・〔A 跟 B 換 C〕「AはBとCを交換する」
(36) <u>我和老张换个位置</u>，我也要这样干的。
　　　（私は張さんと場所をかわった。私もそうしたかった。）
(37) <u>我要跟他换工作</u>，种田还得休耕呢。
　　　（私は彼と仕事をかえると，田植えも休まねばならない。）

これは文字通り"換"が「交換（する）」を意味する用法である。(36)では二人の間で"位置"「場所」が交換され，(37)ではそれぞれの"工作"「仕事」が交換されている。これは，いわば双方向になされる位置交換であって，もともとBがいたポジションにAが入り，もともとAがいたポジションにはBが入るわけである。前掲の"換"の基本スキーマを使えば，図1の矢印は右向きだけであったが，この矢印が左右双方向に向いているような派生的イメージスキーマがこの相互交換を説明するものとなる。

---

[10] この"和"や"跟"は共同行為者を導く並列義の接続詞（连词）ではなく，動詞"換"が要求する参与者項を導く介詞である。共同行為をあらわす副詞"一起"が共起できないことや助動詞がAとBの間に入りこめることが何よりの証左である。よって，このパターンの文を日本語に訳す時も「AとBは，Cを交換する」ではなく「Aは，BとCを交換する」とする方がより適切になるであろう。
　(36') *我和老张一起换个位置
　(37') *我要跟他一起换工作

```
        B                    A
     (Before)             (After)
```

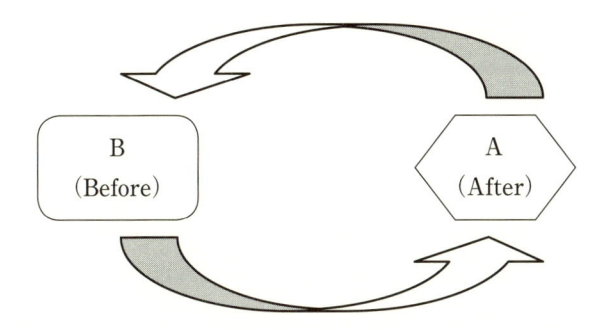

図 3 :"A 和 B 換 C"の派生スキーマ

　次に，介詞"用""拿"が使われると「Bとの交換によってAを得る」という事態を表現する構文〔用B換A〕・〔拿B換A〕ができあがる。この場合，Bは貴重で価値のあるモノであることが多く[11]，動詞"換"は獲得義をあらわす補語"来"・"出来"を伴いやすい。実例を見てみよう。

〔用B換A〕
(38) 有人会说我："既然对那儿如此情深，又何必委屈到北京来呢？<u>用你的北京户口换个陕西户口还不容易吗？</u>"更难听的话我就不重复了。
　　　（こう尋ねる人もいるだろう「そこに対してそんなに思い入れがあるのなら，どうして無理をして北京に来るのだ？<u>あなたの北京の戸籍で陕西省の戸籍にかえるなんて簡単じゃないか</u>」と。もっとひどい言いかたは，ここでは繰り返さない。）
(39) 他不养别的鸟，红，蓝颏儿雅俗共赏，恰合佐领的身份。只有一次，他<u>用半年的俸禄换了一只雪白的麻雀</u>。
　　　（彼は他の鳥は飼わなかったし，赤顎でも青顎でも大事にした。たった一度だけ<u>半年間の報酬で真っ白なスズメを買った</u>ことがある。）

---

[11] Bが貴重品とは見なせないような例もみつかる。たとえば"这天，小林下班早，到菜市场去转。先买了一堆柿子椒，又<u>用粮票换了二斤鸡蛋</u>"「食糧切符を使って<u>2斤の玉子に換えた</u>」など。

〔用 B 換来 A〕
(40) 他不能舍了那点钱，那是用命换来的！
(彼はその金が惜しいのではない，それは命をかけたものなのだ。)
(41) 这土地不是一伸手就得到的，是烈士们用鲜血换来的，是党给咱们的，咱们一定要做脸，争气！
(その土地は簡単に手に入るものではない。烈士たちが血で手に入れたものであり，党が与えてくれたものだ。我々はそれに恥じないよう頑張らねばならない!)
(42) 这是她第一次用肉体换来的代价。
(それは彼女が初めて肉体によって得た代価であった。)
〔拿 B 換出来 A〕
(43) "呕，你是拿命换出来的这些牲口!"老者很同情祥子，而且放了心，这不是偷出来的。
(「おや，おまえは命をかけてこの動物を得たのだね」老人は祥子に同情し，安心もした。それは盗んできた動物ではなかったからだ。)

たとえば上例(38)ではB「北京の戸籍」との交換条件でA「陝西省の戸籍」を得ようとするわけであるが，AよりもずっときびしいBを"用"で導いているところに，このタイプの構文が有する意味的な特徴がある。すなわちAとBはふつう単なる等価なモノ同士の物々交換なのではなく，多くの場合Bにはそれが得がたく，貴重なモノであるという意味的傾斜が見られるのである[12]。他の例文でも，Bは「半年間の報酬」や「命」，「肉体」，「血」などいずれも貴重なモノばかりである。これを敢えて日本語に訳せば，「BをかけてやっとAを手に入れる」とでも言うようなニュアンスが当てはまる構文であることがわかる。

---

[12] "浪子回头，金不换"という慣用句が諺として通用するのも，Bに"金"という貴重品が使われているからである。A「放蕩息子が改心する」のはB「黄金」をかけてでも得がたいことだ，という教訓である。

4. ＜連続的変化＞の"変"
4.1. aからAへの同質連続的な＜変化＞

　動詞"変"が描くのは，いわば小文字のaが大文字のAへと＜変化＞するように，同一人物の身の上に生じる質的な＜変化＞事象である。この＜変化＞には複数の参与者は必要なく，ある特定単一の参与者がアイデンティティを保ちながら質的に変容してゆくことを述べるものである。たとえば，"女大十八変，越変越好看"（女の子はどんどんきれいにかわるものだ）や"孫悟空七十二変"（孫悟空の七十二変化）のような慣用表現は，ある特定の"女人"あるいは"孫悟空"個人(?)の変容ぶりを描くものであって，動詞"変"の特徴をよく伝えていると言えよう。

　そこで，動詞"変"によって描かれる＜連続的変化＞という事象を図示すると下のようなイメージスキーマになる。図のanとはaが＜変化＞する回数を未定数nで代表させたもので，先の例"女大十八変"で言えば，女性は合計18回の＜変化＞をし，その度ごとに美しく＜変化＞すると捉えるわけである。

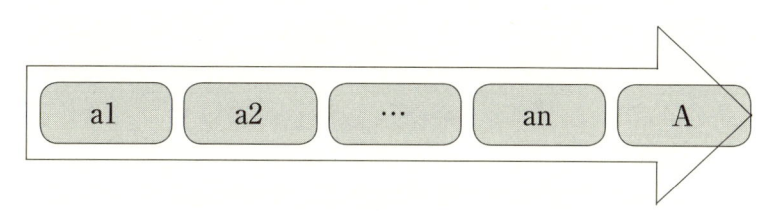

図4：動詞"変"が描く＜連続的変化＞の基本スキーマ

4.2. 動詞"変"の文法的振る舞い
4.2.1. "変"構文のバリエーション

　同質連続的な＜変化＞事象においても，＜変化＞前の状態aと＜変化＞後の状態Aを区別しておくと，動詞"変"によって構成される構文形式には〔a＋変＋A〕のような単純タイプのほかに次のようなタイプがあることがわかる。いずれも「aがAにかわる（かわった）」という事象を描く構文である[13]。

---

[13]　日本語でも，この場合には「変わる」という漢字表記をあてる（森田1977）。

〔主語a +"变"+目的語A〕(例44, 45)
〔主語a +"变到"+目的語A〕(例44)
〔主語a +"变成"+目的語A〕(例46〜48)

　たとえば，下例(44)は魯迅の『狂人日記』にある有名な一節であるが，ここでは「a(人を食べていた野蛮な人間)が，改心すれば，A(真の人間)にかわる：a(野蛮な人間)が，食人を続けていたら，A(魚や鳥や猿)にかわる」と述べている。各タイプそれぞれを実例によって確認されたい。

(44) 我只有几句话，可是说不出来。大哥，大约当初野蛮的人，都吃过一点人。后来因为心思不同，有的不吃人了，一味要好，便<u>变了人</u>，<u>变了真的人</u>。有的却还吃，——也同虫子一样，有的<u>变了鱼鸟猴子</u>，<u>一直变到人</u>。有的不要好，至今还是虫子。这吃人的人比不吃人的人，何等惭愧。怕比虫子的惭愧猴子，还差得很远很远。
(言いたいこともあるが，口にはできない。兄さん，昔おそらく野蛮人は人を食べたことがあるよ。その後，心持の違いで，人を食べなくなった人は，<u>人間に</u>，真人間にかわったのさ。まだ人を食べている奴らは，虫けらと同じで，<u>魚や鳥や猿にかわって，最後に人間にかわる</u>。もっとひどいのは今もまだ虫のままだ。…)

(45) "告诉你吧，<u>人是猴子变的</u>。"文化压低声音，极其神秘地说道。"那，<u>猴又是什么变的呢？</u>"小翠怔怔地问。"<u>猴子，是鱼变的</u>。"文化犹豫了一下，最终还是很肯定地说出来了。"咋是<u>鱼变的</u>？"小翠困惑极了，鱼和人可是一点也不像。
(「言っておくが，<u>人は猿がかわった</u>ものだよ」ウェンフアは声をひそめて，密やかに言った。「じゃ，<u>猿は何がかわったの？</u>」翠ちゃんが恐る恐る尋ねた。「<u>猿は魚がかわったのさ</u>」ウェンフアは躊躇したあと，きっぱりとこう答えた。「どうして<u>魚がかわったの？</u>」翠ちゃんは不思議に思った。魚と人ではぜんぜん違うじゃない。)

(46) 王夫人做了一大碗鸡蛋挂面汤，又端来几块油炸点心，看着丈夫大口吃

着，她的心绪更加不安了。这老头子真的忽然变成了小孩子。他动作敏捷，迅速，仿佛青年人要赴舞会。
（王夫人はタマゴうどんをこしらえて，揚げたお菓子も添えて出すと，夫がぱくぱくと食べるのを見て，もっと不安になった。この爺さんは急に子供になったのか。動作は機敏で，若者がダンスに出かけるときのようではないか。）

(47) 风把雪吹进来，在我们脚下变成水。
（風が雪を吹き込んできて，私たちの足もとで水にかわった。）

(48) 奶奶说："我今日要看看红高粱怎样变成高粱酒。"
（お婆さんが言った「私は今日赤いコーリャンがどうやってコーリャン酒にかわるのか見てみるよ。」）

上例で動詞"变"が伴っている"到"や"成"などの結果補語は，目的語 A が＜変化＞事象の結果として到達した終点であることを明示するための文法的標識である。他方，＜変化＞事象の起点のほうは"由"や"从"などの介詞によって明示することができる。すなわち「a から A にかわる」という事象には，以下のような構文形式が対応することになる。

〔"由" a "变" A〕（例 49）
〔"从" a "变成" A〕（例 50）

(49) 这是人民群众得到解放的必由之路，由穷苦变富裕的必由之路，也是抗战胜利的必由之路。
（これは人民が解放されるために必ず通る道だ。貧窮から富裕にかわるために必ず通る道だ。そして，抗日戦争に勝利するために必ず通る道でもあるのだ。）

(50) "你的形式就是从洋装书变成线装书；从学生服变成长袍大褂。"道静忽然笑着插了话。
（「あなたのやり方は洋書から糸綴じ本にかえるようなものよ。制服から昔の服にかえるようなものだわ」道静は急にことばを挟んだ。）

4.2.2. "変"＋補語

"換"と違って，"変"はさまざまな結果補語を伴って使われる点が大きな特徴である[14]。これは，"変"がある特定のモノの身の上に展開する＜変化＞事象を描く動詞であるがゆえに，当該の＜変化＞が終了したあとの結果状態を補語によって説明する場面が多いからである。単音節形容詞，二音節形容詞のいずれでも"変"の結果補語として機能できる。具体的に見ると，下のようなレキシコンを挙げることができる。

変红，变白，变青，变绿，变黄，变热，变暖，变冷，变凉，变暗，变深，变好，变坏，变馋，变胖，变硬，变高，变矮，变长，变厚，变快，变弱，变亮，变俗，变宽，变老，变穷，变富，变大，变小，变脏，…；变庄重，变沉重，变严肃，变大胆，变迟钝，…

ちなみに，これらの動詞＋形容詞の動補フレーズは日本語ではふつう「…くなる，…になる」のように訳されるが，中には"変冷，变凉"「冷める（cf. 冷たくなる）」，"变弱"「弱まる（cf. 弱くなる）」，"变老"「老ける（cf. 年寄りになる）」，"变脏"「汚れる（cf. 汚くなる）」，"变白"「白む（cf. 白くなる）」」のように形容詞を包含して語彙化された動詞が対応することがあり，これらは両言語の学習者を悩ませる一群の語彙である。単音節形容詞と二音節形容詞が補語になっている実例をそれぞれ二つずつ見ておこう。

(51) 〔变大，变白，变热〕看着太阳升起来，<u>变红</u>，<u>变白</u>，<u>变热</u>，身后掬下的地已经不少；看着太阳落下去，<u>变红</u>，<u>变大</u>，<u>变冷</u>，眼前没有刨开的地

---

[14] "換"が伴う補語は，終点標識の"成""到"，結果標識の"上""下""好""取"，方向標識の"来"などの例があるが，"変"ほどバラエティに富む補語を取らない。
　なお，"変"には"变戏法"・"变魔术"「手品をする」という，おもしろい用法もあって，この場合には方向補語"出"を伴って「手品でAを出す」のような意味用法になる。たとえば，"魔术师从他的帽子里变出了一只鸽子"「マジシャンは手品で帽子からハトを出した」など。

似乎还那么多。
(太陽が昇るのを見ていると，赤くなり，白くなり，熱くなり，身体のうしろに残った地面が減ってゆく。太陽が沈むのを見ていると，赤くなり，大きくなり，冷たくなるが，目の前にある地面がまだまだたくさんある。)

(52) 〔変涼〕他呷了一口已经<u>变凉</u>的茶，搁下茶缸，想了想，便从那包牡丹牌香烟里，抽出一支来，点燃，徐徐地吸了一口。
(彼は既に<u>冷えてしまった</u>茶をすすり，急須を置いて，もの想いにふけったあと，タバコの箱から一本取り出して火をつけて，ゆっくりと一息吸い込んだ。)

(53) 〔変大胆〕这个把戏看得多了，就是胆小的人也会<u>变大胆</u>的。
(こんなインチキを何度も見ると，たとえ臆病者でも<u>大胆になる</u>はずだ。)

(54) 〔変遅鈍〕他的舌头也<u>变迟钝了</u>，他费力地说出了下面的话："没有什么，没有什么。我没有心事。"
(彼の舌も<u>鈍くなった</u>。彼は苦労して「何でもない，何でもない，何も悩みはない」と言った。)

補語となる部分が形容詞という語レベルよりも大きな単位のものになると，"変"と補語の間に構造助詞"得"を仲介させた状態補語のタイプになる。以下はその実例である。

〔"変"+"得"+状態補語〕
(55) 1931年以后，上海中央的工作环境，由于敌人的破坏，<u>变得更加危险和恶化了</u>。
(1931年以後，上海政府の環境は敵の破壊のせいで<u>更に危険になり悪くなった</u>。)

(56) 经过范克明指点，经过两个不眠之夜，这位村长变了，<u>变得比过去和气了，热情了，尤其积极工作了</u>。

(范克明に教えられて二晩眠れない夜を過ごしたあと，この村長はかわった。前よりもやさしくなり，親切になり，なによりも積極的に働くようになった。)

4.2.3. "変"の主体

最後に，＜変化＞する主体そのものが"変"の主語あるいは目的語として現れるタイプの構文を見ておこう。すなわち「Ａがかわる（かわった）」，「Ａをかえる（かえた）」という日本語表現に対応するものである。

"変"の主語や目的語になりやすいのは，当然ながら，それ自身が流動的で変容しやすいモノたちである。たとえば，"天気，世道，時代，政策，景色，形势，情况"などの名詞は"変"の主語に立ちやすい。また，"容貌，脸色，(模)样，法儿，调儿，腔调，语调，心，声，口音，味道，味儿，形，质，(颜)色，天，卦，词儿，姿势，态度，方式"なども＜変化＞しやすい，あるいは＜変化＞させやすいものと見えて，主語のみならず目的語にもなりやすい名詞である。例文を見てみよう。

〔主語Ａ＋"変"〕
(57) 他想，北京城变了，变化最大的是人的思想啊！
   (彼は思った。北京はかわった。一番大きくかわったのは人の考え方だ！)
(58) 他是金子，越变越会发光。
   (彼は金だ。どんどんと輝いてゆく。)

〔"変"＋目的語Ａ〕
(59) 突然，小俞变了脸。她瞪着眼睛盯住那女人，狠狠地向那虚肿的脸上呸了一口唾沫："呸，你这个臭女人！真正不要脸！"
   (急に俞さんは表情をかえた。彼女はその女を睨みつけて，その空々しい顔に唾を吐きかけて「このアマ！恥知らず」と罵った。)

5. まとめ

　本稿は，いわゆる＜変化＞という外界事象を言語化するときに，中国語という言語は，どのようにその＜変化＞事象を類型化して捉え，それを構造化するか，という問題を中心に論じてきた。議論の出発点を"换了一个人"と"变了一个人"の違いにおいたため，一見したところでは"换"と"变"という二つの類義動詞の異同を論じたかのように見えるが[15]，本質的には＜断続的変化＞と＜連続的変化＞という捉えかたの違いが中国語の構文構成にもたらす大きな違いを論じようとしたものである。

　多くの場合，現に目の前にある状態は＜変化＞後の結果状態，すなわちAである。その現状Aから時間軸をさかのぼって見たとき，＜変化＞前の状態が他者Bであった――＜断続的変化＞――と捉えるか，それとも同質のaであった――＜連続的変化＞――と捉えるか，この違いは，まず語彙レベルで動詞"换"と"变"の選択に反映する。＜断続的変化＞は二つの参与者間で発生する。他方，＜連続的変化＞は特定の一つの参与者の身の上に展開する。いわば，前者は点的なデジタル性の＜変化＞であり，後者は線的なアナログ性の＜変化＞である。この違いは，前掲のイメージスキーマ図1と図4がはっきりと示している。

　次に構文レベルで見てみると，中国語で"换"によって描かれる＜断続的変化＞は，BからAへの＜変化＞を，Aという新しいモノの＜出現＞現象に連なるものとして扱おうとすることを観察した。その文法的現れとして，"换"が実現相の"了"を伴い，"换"の目的語名詞が数量詞を伴うとき，その指示物はなべて＜変化＞後に新しく出現するモノを指向することを指摘した。つまりこれは，"换"構文は現象文にリンクして行く，という新たな見方の提出であった。

---

[15] 実際には現代中国語の語彙体系を見てみると，＜変化＞事象と関係する動詞は"变"と"换"の他にも，"改，代，替，变换，改换，替换，交换，转换，更换，变更，转变，改变，变革，变化"など大量に存在している。また前述のとおり，日本語にも「変わる」，「換わる」，「代わる」，「替わる」，「更る」など多数の同訓異字が存在している。これらの類義語，近義字の意味用法を論じるのは本稿の手に余る作業であるし，あまり生産的な作業にもならないと予想される。

一方の"変"によって描かれる＜連続的変化＞は，ある特定のモノの身の上に展開する同質的な＜変化＞であるがゆえに，当該の＜変化＞が終了したあとの結果状態を補語によって補充説明する場合が多いことを指摘した。

　では，最後にもう一つミニマルペア"変脸"と"換面"を挙げて，本稿を閉じることにしたい。ある人物の顔（"脸面"）が＜変化＞したとき，我々はその＜変化＞を"換"で描くか，それとも"変"で描くか？本稿での考察は，この問題にクリアな解答を与えることができる。

　周知のように"変脸"は四川省の伝統芸能である。これは，役者の顔（隈取り）が瞬時に次々と＜変化＞してゆくありさまを楽しむ民間芸能で，その芸人を主題にした同名の映画もあるほど人気がある。ところで，"変脸"というこの呼び方は，いわばある人が表情を次々と＜変化＞させるかのように，つまりは顔（＝表情）の＜連続的変化＞として捉えた名づけではあるが，同時にまた誰もが想像のつくように，この呼び方は事実を描いていない。実際のからくりは，帽子の中にこっそりと隠した数枚の顔（＝仮面）を一瞬のうちに次々と入れかえて＜変化＞させているからである。"改头换面"（体裁や看板をかえる）という成語もあるように，"換面"はうわべの仮面だけを付けかえることである。つまり，この芸の実質は＜断続的変化＞の"換面"なのである。だからといって，我々も今さら目くじらを立てて不平を鳴らす必要もないだろう。"換面"（お面をかえる）などというそのものずばりの無粋な名前の芸では，見る前からタネ明かしされているようなもので，おもしろくとも何ともないではないか。

付　記

　本稿の考察は"语言教学与研究国际学术研讨会"（2009 年 7 月 9-10 日，北京语言大学）および「2009 中日理論言語学国際シンポジウム」（2009 年 7 月 26 日，同志社大学）において口頭発表した内容にもとづいている（古川 2009）。また本稿は，『日語研究』第 8 集（商务印书馆，2012 年 6 月刊行予定）に掲載予定である。

参照文献

崔希亮（2006）「汉语介词结构与位移事件」『中国语言学报』12: 33-50. 北京：商务印书馆．

古川裕（1997a）「数量詞限定名詞句の認知文法」『大河内康憲教授退官記念中国語学論文集』237-366. 東京：東方書店.
古川裕（1997b）「谈现象句与双宾语句的认知特点」『汉语学习』1: 261-268.
古川裕（2001）「外界事物的"显眼性"与句中名词的"有标性"」『当代语言学』4: 264-274.
古川裕（2002）「"起点"指向和"终点"指向的不对称性及其认知解释」『世界汉语教学』3: 49-58.
古川裕（2004）「现代汉语句法以及词法的认知语言学研究：以"凹凸转换"为例」中国人民大学对外语言文化学院（编）『汉语研究与应用』2: 207-234. 北京：中国社会科学出版社.
古川裕（2006）「中国語構文の認知的特徴」『ExOriente』13: 59-96. 大阪外国語大学.
古川裕（2007）「〈中国語らしさ〉の認知言語学的分析：日本語から見える中国語の世界」『日中対照言語学研究論文集』225-259. 大阪：和泉書院.
古川裕（2008）「基于认知"凹凸转换"原则的现代汉语语法研究」北京大学中文系博士学位论文.
古川裕（2009）「"变化"事件的两种认识及句式特点」『汉语学报』4: 23-30.
池上嘉彦（1981）『「する」と「なる」の言語学』東京：大修館書店.
池上嘉彦（1995）「言語の意味分析における＜イメージスキーマ＞」『日本語学』10: 92-98.
影山太郎（1996）『動詞意味論：言語と認知の接点』東京：くろしお出版（中译本：于康・张勤・王占华（译）（2001）『动词语义学：语言与认知的接点』北京：中央广播电视大学出版社）.
輿水優（1980）「换」『中国語基本語ノート』182-184. 東京：大修館書店.
森田良行（1977）『基礎日本語：意味と使い方』東京：角川書店.
佐藤琢三（2005）『自動詞文と他動詞文の意味論』東京：笠間書院.
沈家煊（2000）「句式和配价」『中国语文』4: 291-297.
谭景春（1996）「一种表破损义的隐现句」『中国语文』6: 405-412.
谭景春（1997）「"动+结果宾语"及其相关句式」『语言教学与研究』1: 85-97.
王秀珍（2000）「关于结果宾语」『汉语学习』2: 8-11.

索　引

A〜Z
的 18, 19, 20
很 14
就 13
了 2, 19, 20, 21, 24
呢 20, 22, 24
VR 構造 5
着 24

あ
アスペクト助詞"了" 171
アスペクト標識 49
一致 95, 99, 101, 104
イメージスキーマ 180, 183, 189
イントネーション 88, 91, 96, 103
エザーフェ 99, 104

か
外心構造 87, 89, 92, 95, 98, 100, 104
重ね型形容詞 18
語る 118
カビ生えモデル 109
起点 168, 171, 179, 185
機能 158
空間移動 125, 127, 134, 142
クオリア構造 42, 61, 63
形容詞 87, 90, 96, 99

形容詞文 1, 14, 18
系列動作統合 136, 139
結果補語 185, 186
現象文 174, 189
限定度 88, 91, 95, 104
語彙的接尾辞 101
構成的意味の限定 76, 78, 81
項の具現化 31
構文 145, 146, 147, 148, 149, 150, 151, 153, 154, 155, 158
構文特徴 163
構文のイディオム性 68, 75, 80, 81
コーザル・チェイン 108
コピュラ 85, 86, 87, 88, 89, 90, 94, 98, 99, 103, 104

さ
参与者 165, 167, 169, 179, 183, 189
時間的序列の原則 129, 137
時間的範囲の原則 129, 137
指示性 88
指示的名詞句 40, 50
事象叙述 29, 31, 35, 36, 38, 47, 49, 54, 59, 62
姿勢形成 125, 131, 133, 136, 141
姿勢動詞 125, 133, 139, 142
事態 147, 148, 151
事態解釈 158

始発状態 131, 132, 136, 139
修飾語 90, 95, 98, 99, 103, 104
終端状態 131, 132, 136, 139
終端プロファイリング 136, 140
終端プロファイリング系列動作統合 141
終点 168, 171, 179, 185
主題 69, 77, 79
受動化 28, 56
受動表現 9
状態補語 187
助長器具 37, 48
推論 68, 75, 79
数量詞 171, 189
「する」的なデキゴト 109
静的事象 110, 114, 115, 121
先後関係 128
線条性 104
前置詞 146, 148, 150, 154, 155, 158
総称名詞句 30, 40, 50
属性叙述 29, 31, 35, 36, 42, 49, 54, 57, 59, 63, 68, 69, 77
属性のタイプ 69, 74, 81
素表現 2

た
体験 107, 113, 114, 116, 118, 121
対立空間 128
多義性 129
タ形変化文 115, 116, 118, 121
他動詞文 30, 31, 32, 38, 49, 63
断続的変化 166, 167, 170, 171, 189
知識 113, 114, 118, 121
定位置変形移動 131, 132
デキゴト 107, 108, 109, 110, 111, 114, 121

デフォルト値 79, 81
道具 31, 37, 47, 50, 55
動作主 28, 35, 39, 47, 49, 54, 55, 61, 63
動作動詞 47, 57
動詞 145, 146, 147, 148, 149, 150, 151, 153, 155, 158
動的事象 110, 113, 115
動力 126, 128, 135, 139

な
内心構造 87, 89, 94, 98, 99
「なる」的なデキゴト 109
人間性 158

は
媒介器具 37, 48
場所 31, 45, 47, 50, 55
被修飾語 90, 95, 98, 99, 103, 104
ビリヤードボール・モデル 108
閩南語 159
フォース・ダイナミクス 108
付加詞主語構文 31, 47, 51, 57, 62, 63
文法化 145, 155, 158
変化 163, 164, 167, 169, 171, 178, 179, 183, 186, 188, 189
方位 145, 146, 147, 148, 149, 150, 154, 155, 158

ま
無生物主語 31, 35, 36, 39, 48
もう 10
目的役割 42, 49, 61, 63

や
やっと 10

有界性 174
有界転移 128, 133, 136, 139, 141
有情 146

ら
両義性 171
履歴属性 71, 72, 81
履歴による属性 35
リンカー 89, 90, 94, 98, 99, 103
類型的特徴 85
連続的変化 167, 183, 189

＜編者紹介＞

影山太郎（かげやま たろう）
国立国語研究所所長，関西学院大学名誉教授。

沈　力（しん りき）
同志社大学文化情報学部教授。

日中理論言語学の新展望2　意味と構文

発　行	2012年4月23日　初版第1刷発行
編　者	影山太郎・沈　力
装　丁	スズキアキヒロ
発行所	株式会社　くろしお出版 〒113-0033　東京都文京区本郷3-21-10 TEL 03-5684-3389　FAX 03-5684-4762 http://www.9640.jp　e-mail: kurosio@9640.jp
印刷所	シナノ書籍印刷株式会社

©2012 KAGEYAMA Taro, SHEN Li　Printed in Japan
ISBN 978-4-87424-549-1 C3080

● 乱丁・落丁はおとりかえいたします。本書の無断転載・複製を禁じます。